Jesús, Mi Rosa de Sarón

En mi Jardín de Vida.

Rosanna (Di Paolo) Di Francesco

Jesús, Mi Rosa De Sarón En Mi Jardín De Vida.

Derechos de autor © 2023 ROSANNA (DI PAOLO) DI FRANCESCO. Todos los derechos reservados.

Todos los derechos reservados. Ninguna parte de esta publicación puede ser reproducida, almacenada en un sistema de recuperación o transmitida de ninguna manera: en línea, electrónica, mecánica, fotocopia, grabación u otra, excepto por breves citas en reseñas impresas, sin permiso previo del autor.

Todas las citas bíblicas, a menos que se especifique lo contrario, provienen de la Versión King James de la Biblia (Copyright © 1977, 1984, Thomas Nelson Inc., Editores).

Deeper Life Press

"Yo soy la rosa de Sarón, Y el lirio de los valles."

Cantares de Salomón 2:1

Tabla de Contenidos

Introducción: Mi Rosa De Sarón vii

Capitulo 1: Confiar Y Obedecer 1

Capitulo 2: En El Jardin De La Vida Con Mamá Y Papá Historia De La Asombrosa Gracia De Dios 8

Capitulo 3: En El Jardin De La Vida Con Mis Abuelos Mi Abuelo, Y Mi Heroe 23

Capitulo 4: En El Jardin De La Vida Con Mi Amigo Jesus 31

Capitulo 5: En El Jardin De La Vida Caminando Por Fe Temporada De Primavera, Tiempo De Sembrar Y Crecer 40

Capitulo 6: En El Jardin De La Vida Una Prueba De Fe 52

Capitulo 7: En El Jardin De La Vida Mi Caminar En La Fe 71

Capitulo 8: En Mi Jardin De Mi Vida Mi Caminar En La Fe. Temporada De Quebrantamientos En Medio De Las Adversidades. 88

Capitulo 9: En Mi Jardin De La Vida-Mi Encuentro Y Vision Enero 2017 Mi Encuentro Con Jesus 107

Los Nombres De Jesus 116

Querido Lector, ... 118

INTRODUCCIÓN:
MI ROSA DE SARÓN

*Cantares 2.1: Yo soy la rosa de Sarón,
Y el lirio de los valles.*

El deseo de escribir este libro comenzó en enero del 2017. En lo que buscaba la dirección de Dios para mi vida y su voluntad, fue entonces que me sentí convencida que Dios deseaba que escribiera un libro. El libro sería un testamento y testimonio de las experiencias de mi vida y de mi jornada de fe con Jesús. Entendí que el libro contendría relatos desde el nacimiento de mi vida, y supe que estos hechos y relatos serian de bendición a sus corazones.

Yo comprendí que Dios estaba pidiendo que escribiera acerca de mi caminar con Jesús. Y mientras meditaba sobre esto en mi corazón entendí que las experiencias que he tenido buenas y malas servirían como un gran testimonio del amor, grandeza, poder y fidelidad de Dios.

Mi historia ha sido una jornada con Jesús en mi Jardín de la vida. Jesús se ha convertido en la vida misma, Él se ha convertido en la Rosa de Sarón de mi vida. Yo supe que el título del libro seria Jesús mi Rosa de Sarón en el Jardín de mi vida. Averiguando acerca del nombre de Jesús como la Rosa de Sarón, La frase ''Rosa de Sarón'' se encuentra en el antiguo testamento, en Cantares de Salomón. Esta rosa es considerada la más <<perfecta>>de todas las flores. Así Jesús también se formaba más en mi vida.

Él me ha sacado de toda prueba y toda dificultad. Él me ha levantado cuando he caído y apaciguado mis temores cuando he estado llena de ellos. Y he aprendido que en todas estas experiencias mi dependencia ha sido en Jesús. Yo se que solo en Él puedo depender para sobrevivir. Jesús es amor perfecto, así como la rosa es perfecta su perfecto amor echara fuera todo temor y duda.

Eclesiastés 3.1: Todo tiene su tiempo, y todo lo que se quiere debajo del cielo tiene su hora.

En la vida natural hay diferentes estaciones. Estas etapas traen diferentes resultados. Yo visualizo mi vida como alguien que está en el jardín de la vida con Jesús, y cuando hay cambios en estas etapas de nuestras vidas también traen consigo diferentes situaciones, retos y bendiciones, pero sobre todas estas cosas nos trae crecimiento y madurez.

Este libro es un testimonio de mi vida y los relatos del grandioso milagroso poder de Dios obrando para salvación y protección.

CAPITULO 1

CONFIAR Y OBEDECER

ESPERANZA DE UNA NUEVA VIDA

El viaje de Italia a Canadá comienza en julio de 1952 con la esperanza de iniciar una vida nueva para sus familias en Canadá. Mis abuelos inmigraron en julio del 1952 y mis padres llegaron a Canadá en octubre del 1952. Mis padres se caSarón en Italia en enero de 1949. Mi madre dio a luz a una nena en marzo de 1950 y en 1951 tuvo otro embarazo el cual resulto en un parto de un bebe muerto. En seguida de este embarazo los médicos le informaron que ya no sería posible tener más hijos.

Su viaje inicio lleno de esperanza y aspiraciones de una vida nueva en el gran país de Canadá, mi papa y mi mama y también mi hermana Josephine llegaron a Halifax, Nova Scotia en octubre. Solo puedo imaginar la emoción que sentían al saber que esperanza y prosperidad les aguardaban.

Enseguida de llegar a Halifax, su viaje continuo hacia la ciudad de Montreal, Quebec. Mis abuelos esperaban su llegada. Solo me puedo imaginar la celebración que tomo lugar cuando mis abuelos miraron a su hija, su esposo y la primera nietecita. Yo se que para mis abuelos fue un tiempo muy difícil el haber dejado a mi mamá y familia atrás en ese entonces, pero hoy entiendo que era Dios iniciando su obra en nuestra familia en una manera muy grande. El corazón de mis abuelos se llenó de gozo al ver nuevamente su familia.

EL INICIO- (MI NACIMIENTO)

En diciembre de 1952 mi mamá resulto embarazada de mí. Recuerdo que ella me compartía su preocupación por causa del resultado de su ultimo embarazo que sufrió en Italia. Lo que ella más temía era poner en riesgo su vida y la vida del bebe. Fue en este tiempo que mis abuelos se convirtieron en nuevos creyentes y asistían a la Iglesia Italiana pentecostal en Montreal. Durante este tiempo, mis abuelos compartían con mi mamá y le daban testimonio a ella acerca de Jesús.

Mi mamá estaba pasando un tiempo muy difícil se encontraba muy preocupada durante su embarazo y entiendo que mis abuelos estuvieron presentes como apoyo y animo durante este tiempo. Aquellos que conocieron a mi mamá sabían que ella era una persona muy reservada y privada. Ella no daba a notar su angustia ni preocupación. No me puedo imaginar lo que estaría pasando por su mente durante este tiempo y el miedo que ella estaba sufriendo. Ella asistió a la iglesia con mis abuelos, pero aún no había hecho un compromiso con Jesús.

El viernes antes de mi nacimiento, un 23 de agosto, en la casa donde vivíamos el acceso al sótano era de una puerta en el piso la cual fue dejada abierta por accidente y mientras mi mamá daba un paso sin percatarse que esta estaba abierta, ella se calló dentro del sótano. La caída fue casi de 7 pies hacia abajo y estando ella sola en casa no consiguió poder levantarse y permaneció ahí en el piso hasta que mi abuela regreso a casa del supermercado. Fue llevada al hospital esperando y rogando en todo el camino que todo estuviera bien con ella y él bebe.

Mi abuelo tenía una fe muy grande en Dios y seguía diciéndole que todo estaría bien. Y También creo que Dios ya estaba trabajando en el corazón de mi mamá y asegurándole que Él estaba ahí con ella. A la llegada al hospital los Doctores aseguraron a mi mamá que todo iba a salir bien. Yo recuerdo que me contaba que su oración a Dios era pedirle que guardara a su bebe y le prometió que, si Él cumplía esto, entonces entregaría su vida a Él. Después de haber pasado labor de parto y tenido él bebe el Dr.

entro al cuarto y le dio las emocionantes noticias que había dado a luz a una bella y saludable nena.

Este fue el punto decisivo de su vida y el comienzo de su jornada con Jesús, comprometiendo su vida a Él, y también el comienzo de mi vida en este mundo. Dios le permitió mirar este milagro de vida y reconoció que no importa lo que el hombre puede decir sobre nuestras vidas, es Dios quien tiene el control de nuestras vidas y futuro. Ella me puso por nombre ROSANNA y después de mi nacimiento ella tuvo cuatro hijos más, un total de seis hijos, esto es la muestra de un Dios grandioso.

Confiando en Dios aun cuando parece imposible-

Salmo 18.30: En cuanto a Dios, perfecto es su camino y acrisolada la palabra de Jehová; escudo es a todos los que en Él esperan.

Leyendo este versículo me hace ver como el camino de Dios es perfecto para nuestras vidas, como su palabra es veraz, y como podemos refugiarnos en Él. Yo creo que mi mama tomo refugio en Jesús, esto fue lo que le dio valor y la esperanza para vivir. Recuerdo como cantaba este himno una tras otra vez en su vida. Creo que empezó a entender las palabras de este himno y como realmente deseaba caminar con el Señor y cuanto Él le ayudo con sus dudas y temores.

Puedo entender cómo se deleitaba en su amor y el comienzo de su dependencia en Jesús para recibir fortaleza y socorro. Puedo yo entender como se deleitaba en su palabra diariamente. Se que esto fue el comienzo de su relación con Jesús, el comienzo de su caminar en el jardín de la vida con Jesús su Señor y Salvador para el resto de su vida. Se convirtió en una mujer asombrosa de Dios confiando que diariamente su presencia velaría por ella y su familia.

¡ALABADO SEA DIOS! Dios es nuestra fortaleza

Salmo 121.5-8: Jehová es tu guardador; Jehová es tu sombra a tu mano derecha. El sol no te fatigara de día, ni la luna de noche.

Josué 1.9: Mira que te mando que te esfuerces y seas valiente; no temas ni desmayes, porque Jehová tu Dios estará contigo en dondequiera que vallas.

Salmo 56.3: En el día que temo, yo en ti confió.

Salmo 31.14: Mas yo en ti confió, oh Jehová; digo: tú eres mi Dios.

Decidí escoger el **HIMNO CONFIAR Y OBEDECER** para este capítulo, leyendo las palabras de el primer verso describe el corazón de mi mamá. "Cuando andamos con Dios escuchando su voz, nuestra senda florida será. Si acatamos su ley, El será nuestro Rey, y con Él reinaremos allá."

Yo sé que ella confió en su Jesús todos los días de su vida; ella era una mujer de firme convicción compartiendo Jesús con cualquiera que fuera, continuamente evangelizaba las buenas nuevas de su Señor Jesucristo con todo aquel que se dispusiera a escuchar.

Confiar y Obedecer Letra:
John M. Sammys
Música: D. B. Towner

Cuando andemos con Dios,
Escuchando su voz

Nuestra senda florida será

Si acatamos su ley

Él ser nuestro Rey,
Y con Él reinaremos allá

CORO:
Obedecer, cumple a nuestro deber si queréis ser felices debéis obedecer.

Cuando Cristo murió,
Nuestro llanto enjugó,
Proclamarle debemos doquier.

Gozarás de amor, de tu Rey y Señor,
Si obediente le entregas tu ser.

No podremos probar sus delicias sin par

Si seguimos mundano el placer.

Obtendremos su amor

Y el divino favor si sus leyes

Queremos hacer.

CAPITULO 2

EN EL JARDIN DE LA VIDA CON MAMÁ Y PAPÁ HISTORIA DE LA ASOMBROSA GRACIA DE DIOS

MI PAPÁ

Me gustaría hablar de mi papá. Creciendo con él hubo temporadas de amor, pero también temporadas de muchas pruebas. Recuerdo cuando era niña quería pasar tiempo con él y deseaba acompañarle cuando él salía. En mi juventud, recuerdo que él nos llevaba a pasear con mi hermana los domingos por la tarde. El sentimiento que recuerdo más era de alegría porque amaba a mi papá y sabía que él amaba a sus nenas. Estos eran tiempos especiales con él. Tiempos preciosos de verdad.

CAMBIOS

La vida con mi papá no siempre fue así, en el capítulo uno hice mención como mi mamá se convirtió en nueva creyente y comenzó a asistir a la iglesia, pero mi papá no quiso. A medida que nuestra familia crecía también las pruebas aumentaban más y más para mi mamá y nosotros. Mi papá estaba en contra de la decisión que mi mamá había tomado y hacia todo lo posible para que ella no atendiera a la iglesia. Yo pude ver que ella era muy fiel a Dios durante estos tiempos.

Mi papá era un hombre muy testarudo y también muy muy dominante en nuestro hogar. Su palabra era la ley. Había tiempos que recuerdo tener tanto miedo de él que corría a esconderme a tratar de huir de él. Conforme iba creciendo me nació un temor hacia los hombres. Y pude darme cuenta como la vida de mi padre empeoraba debido al alcohol y su estilo de vida. Ya no existía para nada ese sentir de seguridad y paz en nuestro hogar. Mi papá argumentaba y peleaba sin razón alguna. Yo esperaba que llegara a casa y mi mente mientras tanto pensaba que tan feliz seria de verle, pero luego el temor invadía mi corazón sabiendo el estado en el que vendría a casa.

COMPARANDO MI PAPA CON LOS DEMAS

Durante estos años de mi niñez, se me venia a la mente que maravilloso seria si papá fuera más como mi abuelo o como algunos de los padres de mis amigas. En muchas ocasiones eras muy difícil amarle y de darle gracias a Dios que él estaba ahí. Mi mente y pensamientos siempre eran, *Oh tal vez hoy llega a casa en buen estado,* y ansiaba que ya no mas nos tratara como lo hacía. Por Dios, hasta soñaba que el fuera diferente que nos amara y cuidara. Sabia que Dios estaba obrando en los años de nuestra niñez. Que nos protegía diariamente.

Mi papá empeoraba progresivamente y ya comenzaba a faltar los fines de semana y derrochar todo el dinero que ganaba en el alcohol y su estilo de vida. Esto lo hacía más y más difícil para nosotros como pequeños y como familia. Y en nuestra adolescencia, nuestras necesidades crecían, y no había el dinero para suplir estas necesidades.

Dios siempre tiene la manera de proveer. Algunos de los clientes de mi papá le regalaban cajas de ropa usada o cualquier otra cosa que les parecía que nos sería útil y mi papá traía estas cosas a la casa. Era como Navidad en nuestra casa. Estas eran personas generosas que Dios usaba para bendecir nuestra familia. Dios cuidaba de nosotros. Él siempre tenía las personas indicadas para entrar en nuestras vidas en el tiempo perfecto para bendecirnos como familia.

Mi hermano y yo repartíamos periódico el *Montreal Star* para hacer un poco de dinero para nosotros. Siempre encontrábamos la manera de hacer dinero extra. Para este entonces ya eras adolescentes y la vida se volvía más y más difícil de manejar. Este dinero me ayudo y recuerdo haber ahorrado dinero suficiente que mi mamá me llevó a la tienda y me compre unos zapatos nuevos. Estaba tan contenta, que esa noche hasta me acosté con los zapatos a mi lado.

ESCUELA DOMINICAL, MI APOYO MAS GRANDE.

Como niños siempre atendíamos la escuela dominical y la iglesia. Mi mamá y abuelos se aseguraban de que lo hiciéramos. Este era un lugar seguro para nosotros y también donde aprendíamos la palabra de Dios y cuanto Dios me amaba. También me di cuenta como el amor de Dios estaba obrando grandemente en mi vida. Comencé a orar mas para creer en mi corazón que tal vez, si tal vez, Dios pudiera cambiar a mi papá. Dios pudiera hacerlo un padre mas amoroso y cuidadoso. Supe y entendí que Dios me estaba cuidando. Tuve unas maravillosas, y muy dedicadas maestras de escuela dominical que dejaron su huella en mi vida en una manera muy profunda. Algunas de estas maestras conocían nuestra situación en el hogar y siempre estaban ahí presentes mientras yo crecía.

Me gustaría hablar acerca de una maestra muy especial que tuve. Su nombre era Roseanna y porque mi nombre era Rosanna me llamaba su tocaya. Era la maestra mas amable y generosa que yo he tenido jamás. Ella siempre me guardaba un asiento a su lado los domingos y esto me hacía sentir tan especial. Y anhelaba ir a la escuela dominical solo para poder verla. Ella siempre me animaba; nunca olvidare su amor y su cuidado. Durante los años de mi niñez Dios siempre enviaba las personas indicadas para amarnos. Mirando hacia atrás, estos años de escuela dominical eran tiempos de paz llenos de satisfacción el tiempo que Dios uso para prepararme para Él.

Puedo recordar las mujeres más hermosas y comprometidas como mis maestras. Su influencia y su impacto formaron el entorno de mi vida. Honestamente puedo decir que Dios puso estas mujeres en mi vida para su gloria y honra. Aun en los momentos más difíciles los domingos siempre fueron muy especiales para mí. A medida que crecía, mi papá empeoraba. Comenzó a juntarse con las personas equivocadas metiéndose en todo índole de problemas. Era obvio, que el estilo de vida que había escogido era problemático para mi mamá y nosotros.

Mi mamá era una gran mujer de fe. Ella sufrió por largo tiempo porque en su corazón creyó que un día mi papá seria salvo y encontraría a Jesús así mismo como ella. Muchas veces ni siquiera entendía cómo es qué ella tenía tanta fe que algún día esto pasaría con mi papá. Sabía que ella lo amaba demasiado a pesar de la vida que el estaba viviendo. Había tiempos en los cuales no entendía porque Dios permitía que pasáramos todos estos problemas.

Los «Porqués» estaban presentes sin duda alguna. A pesar de que esta temporada fue muy difícil para mi y mis hermanos, puedo agradecerle día y noche por su fidelidad y protección. Aun de niña siempre reconocía que Dios tenia el control de mi vida y de mi familia.

Jeremías 29.11: *Porque yo se los pensamientos que tengo acerca de vosotros* **dice jehová, pensamientos de paz, y no de mal, para daros el fin que esperáis.**

Muchas, muchas, veces, pensamientos venían a mi mente el porque Dios me puso en este tipo de familia. Y pude entender como el enemigo estaba usando a mi papá en cualquier forma posible para dañar a su familia. Y se que era muy difícil seguir creyendo y sirviendo a Dios en estos tiempos tan terribles. Que asombroso era el amor de Dios durante estos años. Eran momentos de buscarle durante estos problemas. Tengo memorias de mi hermana mayor y yo cantando himnos en nuestra habitación y orando por nuestro papá, creyendo que si Dios lo salvara y tocara su vida las cosas cambiarían. Por mucho que creía esto en mi corazón, la verdad es que pasaron tiempos y años transcurridos en que mi fe y esperanza se agotaban. Ya que mi papá continuaba este estilo de vida en pecado, me venían pensamientos de que solo éramos una carga para él.

Ya mi papá nos veía como un problema para él. Nosotros éramos un estorbo en su camino de vivir esa vida tan horrible. No hay peor sentimiento que saber que tu eres problema para uno de tus padres. Pero nosotros como hijos nos uníamos más.

Era como una manera de protección y creamos esta forma de seguridad velando el uno por el otro. Es asombroso que a tan temprana edad reconocíamos cuando era necesario pedir ayuda y protegernos lo mejor que pudiéramos. Creciendo en este tipo de ambiente en pocas palabras era difícil. Se puede decir hasta imposible.

Por medio de esta prueba pude ver como Dios estaba obrando en nuestras vidas. Ciertamente que en estos tiempos su protección estaba con nosotros, nos cargaba en sus brazos, y estaba convencida de su amor y que no permitiría ningún mal nos aconteciera. Yo sabia que mis abuelos estaban pidiendo por su protección sobre nuestras vidas y también otras personas. Mi mamá siempre trataba de mantener la paz por nuestro propio bien en lo que fuera posible y sabia que ella confiaba en Dios todos los días de su vida.

Era evidente que su fe en Dios crecía, viviendo día a día con la esperanza de que algún día mi papá entregara su vida a Jesús. Para ese entonces, creo que mi papá llego al punto de que él mismo tenía dificultades viviendo en la manera que lo hacía. Pero también mire como a su propia manera comenzaba a acercarse a Dios. ¡Alabado sea Dios!

Salmo 138.3: El día que clame, me respondiste; me fortaleciste con vigor en mi alma

Salmo 46.1: Dios es nuestro amparo y fortaleza, nuestro pronto auxilio en las tribulaciones

EL MILAGRO DE LA ASOMBROSA GRACIA DE DIOS EN LA SALVACION DE MI PAPÁ (1967)

Por fin mi sueño y las oraciones de mi familia fueron contestadas. En diciembre de 1967, mi papá llego a un punto muy difícil en su vida y también mi mamá. Mi papá estaba siendo muy atormentado con este estilo de vida que llevaba y constantemente estaba siendo atormentado por el diablo. Comprendí que estaba buscado una liberación en su vida y comenzó a buscar respuestas. Mi mamá sabía que si las cosas no cambiaban tal vez tuviese que hacer un cambio muy grande. En su corazón yo sabia que esto no era realmente lo que quería hacer. Su deseo no era de separarse de mi papá. Y estaba clamando a Dios que interviniera en esta situación, también nos pedía a nosotros que oráramos a Dios por él. Y aunque mi papá no asistía a la iglesia, se llevaba bien con el pastor de la iglesia.

Mi papá era un jardinero que tenia su propio negocio, él cuidaba del jardín de la casa del pastor. Visitaba su casa cada semana para cortar su pasto y cuidar de el terreno. En esto el pastor aprovechaba de ministrar a mi papa en cada oportunidad. Y yo se que nuestro pastor tuvo una gran influencia en él. Hasta recuerdo que mi papá compartía con mi mamá diciéndole que disfrutaba hablar con el pastor.

Mi mamá estaba muy agradecida con Dios por el pastor que estaba alcanzando a mi papá. Verdaderamente el pastor fue un regalo de Dios para nuestra familia y era siempre una mano de ayuda en tiempos difíciles. Hay un secreto en la vida que necesitamos retener y este es que si Dios esta obrando a nuestro favor tenemos que estar agradecidos con Él.

A la edad de 13 años entendí que tan grave era la situación en nuestro hogar y si Dios no interviniera a nuestro favor las cosas terminarían de muy mala manera. Seguí constantemente orando por mi papá y le seguí insistiendo que viniera a la iglesia. Los sábados por las tardes, le pedía que nos llevara a la iglesia y los domingos que entrara con nosotros. Él siempre reusaba entrar, pero, finalmente, un domingo por la mañana de diciembre de 1967, el decidido entrar a la iglesia con nosotros. No podía creer lo que estaba pasando.

El domingo por la mañana que mi papá decidió acompañarnos nosotros nos dirigimos a la clase dominical y el se quedo para el servicio. A la conclusión del servicio, nos reunimos afuera, nos subimos al carro y nos dirigimos de regreso a casa. Los 6 hijos estábamos en el carro con él. Sabia que algo estaba pasando y en silencio estaba orando por él en mi corazón. Dios estaba tratando con él. Mi papá fumaba como chimenea, fumaba dos paquetes de cigarros por día. Lo recuerdo encendiendo un cigarro y apagándolo en seguida, no podía continuar fumando, esto hizo varias veces camino a casa. Llegando a casa, compartimos con mi mamá lo que había pasado en el carro y lo que respondió fue, «Sigue orando por tu papá.».

Durante esta semana, las cosas se pusieron aun peor. Recuerda una cosa; el diablo no se da por vencido tan facial. No se rinde sin una lucha. El diablo nunca quiere ver a alguien ser salvo y venir a Jesús. Sin embargo, Dios estaba obrando grandemente en la vida y corazón de mi papá. Un Domingo, habiendo ido nosotros a la iglesia con mi mamá y al llegar a casa por la tarde mi papá ya estaba en casa. Comenzó a interrogar por donde andábamos y le dio un tiempo muy difícil esa noche.

En este punto estaba tan enojado y muy inquieto que todos pensábamos que se había vuelto demente. Mi mamá queriendo calmarlo, me dijo a mi y mis otras hermanas que fuéramos a nuestras habitaciones y comenzáramos a orar. Sabia que se estaba poniendo grave la situación y no se esperaba que terminara en nada bueno. Rápidamente llamo a mis abuelos que oraran por nosotros y mis abuelos le respondieron, «Ya hemos estado orando,» sabiendo que algo malo nos estaba aconteciendo.

El Espíritu Santo ya les había revelado que tenían que orar. Este es El Dios Grande a quien Servimos, Él es para siempre fiel.

Mientras orábamos en nuestro cuarto, podía escuchar mi papá gritando en alta voz a mi mamá mandándola que se fuera con todos nosotros. Y luego le mando que trajera todas las biblias que había en la casa y que se las lleváramos a él. Mi mamá siendo una persona obediente hizo exactamente lo que le mando. Tomo las biblias y comenzó a romperlas y las deposito en el basurero. Derramo gasolina dentro del basurero y las trato de quemar, pero estas no se quemaban. Esta fue una noche horrible para mi mamá y nosotros como niños. Pensábamos que un terremoto estaba ocurriendo en nuestro hogar esa noche. Sin embargo ¡La gracia de nuestro Dios es asombrosa!

Podíamos escuchar el clamor de mi mamá a Dios, «Señor ayúdame, ayúdame por favor.» podía oírla clamar a Dios dese la parte de arriba diciéndole que necesitaba un milagro esa noche, algo necesitaba acontecer. Cuando mi papá finalmente se calmó, entro en su habitación deseando poder dormir. Mi hermana y yo continuamos orando por él, nuestro único deseo era que él fuera salvo esa noche.

Aunque, la asombrosa gracia de Dios ya estaba obrando en mi papá. Como a la una de la mañana, escuchamos la voz de mi mamá alabando y glorificando el nombre de Dios, yo estaba segura de que algo maravilloso había acontecido. Entonces mi papá comenzó a pedirle ayuda a mi mamá y ella le respondió que solamente Jesús era la única persona en el mundo que le podía ayudar y librar de todas sus ataduras. Ella le dijo, «Clama al Señor

Jesucristo y Él te responderá, Él te puede salvar y librar.»

Y a medida que mi papá comenzó a clamar a Dios e invocar el nombre de Jesús, de inmediato tuvo un encuentro con Jesús. Exactamente en ese momento, una luz le resplandeció en su habitación y se le apareció el Señor Jesús con las manos extendidas, el cual le dijo, «hoy la salvación te ha llegado.»

Mi papá no solamente tuvo un encuentro con Jesús esa noche en su habitación, sino también una completa transformación. Él fue salvo y liberado en una misma noche. De inmediato dejo su vicio de fumar y tomar cuando conoció a Jesús. Por fin se dio cuenta esa noche que no había otra salida para su vida desordenada sino solamente entregando su vida a Jesús. Nuestras oraciones fueron contestadas esa noche. Mi mamá vio la gloria de Dios en un milagro ante sus mismos ojos. Este es el Gran Dios que servimos. He oído decir que Dios nunca llega antes de tiempo ni mucho menos tarde, pero siempre en el tiempo perfecto. Gloria a Él por siempre y para siempre

Le dio toda la gloria a Dios por su benigna gracia hacia los pecadores; no importa cuán grande sean nuestros pecados, Jesús puede perdonar y salvar. Jesús estaba ahí esa noche para mi papá. Esta es la sublime gracia de mi Dios, que amo a mi papá de tal manera que permitió que mirara a Jesús esa noche, para hacerle ver cuanto le amaba. Alabanza a mi Dios y Salvador, porque yo sabia que Dios realmente amaba a mi papá.

> **Romanos 5.6-8: Porque Cristo, cuando aún éramos débiles, a su tiempo murió por los impíos. Ciertamente, apenas morirá alguno por un justo; con todo, pudiera se que alguno osará morir por el bueno. Mas Dios muestra su amor para con nosotros, en que siendo aún pecadores, Cristo murió por nosotros.**

Mi papá tuve que llegar a la peor condición para darse cuenta de que solo Jesús podía salvarlo. Alabanzas sean a nuestro Dios que nunca nos deja o desampara – NUNCA.

En la gracia de Dios, recibimos un nuevo corazón. Nos da el corazón de Cristo.

LA ASOMBROSA SUBLIME GRACIA DE DIOS, Dios soluciono nuestro problema con una sencilla palabra – GRACIA.

> **Efesios 2.4-5: Pero Dios, que es rico en misericordia, por su gran amor que nos amó, aún estando nosotros muertos en pecado, nos dio vida juntamente con Cristo (por gracia sois salvos.**

Ezequiel 36.26: Os daré corazón nuevo, y pondré espíritu nuevo dentro de vosotros.

¡La gracia es cuando Dios crea un cambio verdadero en nuestros corazones!

Mientras escribía este capitulo el himno que venia a mente es "Amazing Grace" o "Sublime Gracia"; esta canción describe la vida de mi papá completamente. Él estaba perdido en pecado y en camino a la ruina, pero Dios y su magnífica sublime gracia le alcanzo.

El significado de la Gracia De Dios es: Favor «inmerecido» y salvación por gracia es su bondad, al desventurado sin mérito alguno, y sin razón para esperar el favor divino. La manifestación de la gracia de Dios nos ha sido dada en forma de regalo

CAPITULO 3

EN EL JARDIN DE LA VIDA CON MIS ABUELOS MI ABUELO, Y MI HEROE

Quisiera tomar el tiempo para dedicar este capitulo para honrar a mis dos abuelos. Mencione en el primer capítulo que mis abuelos inmigraron de Italia en 1952. Abandonaron un país completamente devastado por la guerra que les ofrecía poca esperanza para el futuro para ellos y sus tres hijos. Cuando llegaron a Montreal, Quebec, mi abuelo acepto un trabajo en los carriles de tren para la compañía CN. Mientras tanto mi abuela se quedaba en casa ayudando a su familia con los nietos. Les quiero contar su historia de FE, COMPROMISO, DEDICACION, AMOR Y SACRIFICIO POR SU FAMILIA.

Mi abuelo y abuela, ambos recibieron al Señor como su único Salvador en 1952 muy pronto después de haber llegado a Canadá. Mi abuelo estaba tan apasionado de Jesús y su relación con él.

Él amaba a Dios con todo su corazón y practicaba lo que predicaba. De pequeña siempre quise estar con él, era un hombre muy alto y robusto, me encantaba correr hacia sus brazos cuando llegaba a casa de su trabajo. Si, era mi mentor y mi héroe. Cuando crecí un poco, recuerdo que caminaba a la parada de bus a la esquina de la calle esperando que saliera del bus después de su jornada de trabajo. Él se sentía tan contento de verme, y yo tan contenta de verlo, luego tomaba mi mano y caminábamos a casa. Siempre cargaba dulces, y siempre me compartía uno en el camino de regreso.

Que preciosos eran esos días para mí. Le amaba mas cada día, cada día crecía nuestro amor el uno hacia el otro. Él vivía por su familia y no le dolía sacrificar lo que fuera por ella. Él peleo en la primera guerra mundial y vivió en medio de la segunda guerra mundial, miro de su propia cuenta la destrucción y perdida dándose cuenta lo frágil que es la vida. Por eso tenia una determinación especial en su corazón para cuidar su familia. Durante las vacaciones de verano, mientras estaba yo en el jardín con él, siempre tomaba el tiempo para enseñarnos como sembrar, regar y cuidar el jardín. Realmente tenia un don especial para hacer crecer un jardín muy bello y fructífero.

FE PRONUNCIADA EN MI VIDA

Mi abuelo amaba leer las escrituras todos los días. Y cada oportunidad que tenia cuando los pequeños estábamos cerca siempre nos leía en alta voz. Siempre que escuchábamos la palabra de la biblia depositaba fe en nuestros corazones. La palabra de Dios es vida, y esto era lo que le estaba pasando a mi corazón como jovencita, palabras de fe y vida estaban siendo habladas y semillas de estas palabras estaban siendo plantadas en mi corazón a temprana edad.

Romanos: 10.17 Así que la fe es por el oír, y el oír, por la palabra de Dios.

Reflejado en esta etapa de mi vida, yo se que la palabra de fe estaba siendo sembrada en mi vida todos los días. Mi abuelo nos leía capítulos enteros de la biblia y nos pedía que estuviéramos atentos. Creo que él conocía nuestra necesidad de escuchar la palabra de Dios para sobrevivir en nuestro hogar. Él estaba lleno del Espíritu Santo y no cesaba de orar. Recuerdo que solía escucharle orando y hablando en lenguas en la casa y en la iglesia. Era un gran hombre de Dios con deseo de conocerle mas y servirle todos los días de su vida. Él era muy apasionado y daba testimonio a toda persona de Jesús.

Mi abuelo tenía un gran amor hacia todos, y por ese amor se le hacía muy fácil compartir a Jesús con todos. Él era una persona fuerte y valiente, despojado de sí mismo, y comprendió que Jesús era su misma vida. Tenía una viva pasión en su corazón para alcanzar a los perdidos y compartir de Jesús con ellos. Su encuentro con Jesús fue tan especial que era imposible que permaneciera callado. (EL PODER DEL AMOR)

MY ABUELA, MI MEJOR AMIGA

Mi abuela era la reina de su hogar. Mi abuelo tenia un amor profundo para ella. Anqué era pequeña me daba cuenta el amor que tenían el uno para el otro. En total tuvieron 13 hijos en Italia, aunque solo tres sobrevivieron. Este amor que tenían uno para el otro yo sabía que venía de un corazón quebrantado de tanta perdida. Ambos sacrificaron mucho para complacer a el otro. Mi abuela era una mujer de fe. Nos cuidaba y al mismo tiempo nos enseñó como hacer la limpieza, cocinar y apoyar a nuestra madre. Pues sabia cuanta ayuda necesitaba mi mamá y se aseguraba que nosotros estuviéramos dispuestos en ayudar. Ella también era muy apasionad de Jesús. Amaba a Dios y le servía todos los días adorándole.

Mientras hacia los quehaceres siempre cantaba sus himnos favoritos. Amaba orar a Dios. Recuerdo cuando se quedaba con nosotros por las noches, nos peleábamos quien tenia el turno de dormirse con ella. Nos tenía un gran inmenso amor. Se levantaba muy temprano en la mañana iniciando su día alabando a Dios y Orando en lenguas. Tenía tanta presencia del Espíritu de Dios que literalmente sentíamos la unción en la habitación. Me encantaba escucharle orar y adorar a Dios.

Mi abuelo la trataba con amor y respeto. Él siempre le llevaba el café a la cama. Tenía un corazón de servidor y fue una bendición para ella en muchas maneras. Y también a nosotros daba el mismo trato, siempre estaba dispuesto a servir y ayudar. Mi abuela creyó en nosotros y siempre nos anima en confiar en Dios y a creer que un día Él respondería nuestras oraciones. Me encantaba estar con mi abuela, me enseño como orar y como escuchar a mi corazón y a poner a Jesús como el centro de mi vida.

Si, fueron tiempos tan buenos con mis abuelos. En mi jardín de la vida mi abuelo fue mi héroe. Cualquier oportunidad de estar con el la aprovechaba. Ambos abuelos fueron muy influyentes en mi vida. Ellos fueron la razón por la cual yo quise seguir a Dios y entregar mi vida a Él. Mi abuelo fue el mayor ejemplo en mi vida del amor de un padre. El era muy cercano a mi y siempre estaba interesado en mi vida no importando lo que estuviera haciendo.

Recuerdo que, durante mi empleo en el comité escolar de Montreal, una compradora con la que yo trabajaba tuvo un sorpresivo derrame y fue llevada de inmediato al hospital; mas tarde ese mismo día, nos dieron la noticia que había fallecido. Estaba tan entristecida y me causo dolor profundo. Me envolvió tanto el temor y se afligió de tal manera mi corazón que estaba afectando mi salud. Llego al punto de que tuve que tomar cuatro semanas libres. Mi corazón se llenó de aflicción y supe que algo no estaba bien. Mi abuelo supo que algo me acontecía y estaba muy preocupado. Todos los días se comunicaba con mi mamá y pedía hablar conmigo para ver como seguía.

Él me mostraba su amor en cada oportunidad que tenía. Él me decía que estaba orando por mí y me consolaba diciendo, «No temas, Dios está contigo, Él tiene cuidado de ti.» Él era cariñoso y tan amoroso, que mientras escribo esto hoy aun puedo sentir su amor en mi corazón.

Estaba completamente entregado a Dios, caminaba con Dios, y hablaba con Dios. ¡Oh, cuanto lo extraño! Y con estas ultimas palabras acerca de mi héroe, le doy gracias a Jesús todos los días por darme a mi esa alegría ese amor ese contentamiento de contar con mi abuelo como parte de mi vida.

1 Corintios 15.58: Así que, hermanos míos amados, estad firmes y constantes, creciendo en la obra del Señor siempre, sabiendo que nuestro trabajo en el Señor no es en vano.

1 Tesalonicenses 3.5: Y el Señor encamine vuestros corazones al amor de Dios, y a la paciencia de Cristo.

Gálatas 6.9: No nos cansemos, pues, de hacer bien; porque a su tiempo segaremos, si no desmayamos.

EL HIMNO FAVORITO DE MIS ABUELOS – "GRATA CERTEZA"

Aun hoy puedo escuchar sus voces en mi mente, a cada rato cantaban este himno. Mi abuela lo cantaba sin parar. Esta fue su historia y sus vidas enteras fueron dedicadas para vivir para Jesús, su Señor y Salvador.

Estos versos describen el tipo de fe que mis abuelos tenían. El himno, "GRATA CERTEZA", verdaderamente representa la vida de mis abuelos.

GRATA CERTEZA
Letra – Fanny J. Crosby
Música – Phoebe P. Knapp

Grata certeza; ¡soy de Jesús!
Hecho heredero de eterna salud,
Su Sangre pudo mi alma librar
De Pena eterna y darme la paz.

Coro

Esta es mi historia y es mi canción,
Gloria a Jesús por su salvación,
Aun para mi fue su redención;

¡Bendita historia, bella canción!
Siempre sumiso a su voluntad,
Glorias celestes empieza a gustar;
Cuanto más cerca sigo al Señor

Más goza mi alma su amplio perdón
Siempre Confiando, encuentro en Jesús
Paz, alegría, descanso y salud;
Del cielo mi alma llega a gozar,
Mientras a Cristo logra Mirar

CAPITULO 4

EN EL JARDIN DE LA VIDA CON MI AMIGO JESUS

BAUTISMO POR AGUA

A la edad de 12 años tome la decisión de bautizarme en agua. Teníamos campañas evangelísticas en nuestra iglesia todo el mes de enero de 1965. Me acuerdo de que la primera semana fue un momento muy tremendo en el cual los jóvenes fueron ministrados en gran manera. Muchos jóvenes fueron salvos. Dios estaba derramando de su Espíritu y hablándoles al corazón de los jóvenes. Muchos de los chicos de la clase dominical recibieron a Jesús como su salvador. Era increíble experimentar el poder de Dios de una manera tan gloriosa. Yo recuerdo que nuestro pastor estaba lleno de gozo al ver como Dios estaba obrando en la juventud.

Entrando la segunda semana de campaña yo realmente quería un toque de Dios en mi vida. Cada noche, después de el mensaje, el altar estaba abierto para cualquiera que quisiera recibir a Jesucristo como su Salvador. Una noche, yo camine hacia adelante sabiendo que quería a Jesús en mi vida. Líderes esperaban ahí para orar por nosotros y Dios los usaba para ministrar y sanar. Recuerdo sanidades por montones en los jóvenes que estaban tan necesitados de un toque de Jesús. Cosas maravillosas sucedían, y la iglesia se llenaba de la presencia de Dios. Era un gran avivamiento.

El viernes de esa misma semana, mi hermana y yo teníamos realmente mucho deseo de ir al servicio sabiendo que mis abuelos estarían ahí. Esa noche hubo una tormenta muy grande de nieve por lo cual era imposible tomar el bus esa noche. Toda la ciudad estaba paralizada por la tormenta. Mi hermana y yo estábamos tan determinadas de ir esa noche que llamamos un taxi sin poder hallarlo, el clima estaba demasiado mal. Le propuse a mi mamá que pidiéramos al vecino que nos llevara y fui a preguntarle. ¡Oh Wow!, estaba tan feliz cuando me dijo que si, corrí a casa, tome a mi hermana y nos fuimos. Creo que este hombre no se dio cuenta la magnitud en la cual Dios lo uso esa noche.

EL BAUTISMO DEL ESPIRITU SANTO

Llegados a la iglesia ambas fuimos a sentarnos con mis abuelos. Ellos ya nos estaban esperando, supe que algo grande estaba por suceder esa noche. Después del mensaje de la Palabra, el pastor anuncio que el altar estaba abierto para todo aquel que deseaba o ansiaba la llenura del Espíritu Santo, que por favor se acercaran al altar. Inmediatamente, mi hermana y yo fuimos adelante and nos arrodillamos en el altar. Yo quería ese poder que tenían mis abuelos, anhelaba orar en Lenguas como ellos. Yo estaba tan determinada de recibirlo esa noche; literalmente parece que pasaron horas que me quede orando en el altar.

Cuando de repente escuche a mi hermana recibir el bautismo del Espíritu Santo y le escuchaba hablar en Lenguas. Bueno, esto me dio más determinación de seguir orando y pidiendo. Estaba dispuesta a no dejar el altar al menos de recibir un toque de Jesús. Mientras tanto, la esposa del pastor estaba a mi lado esa noche, y no me había dejado. Ella me animaba a seguir orando y pidiendo hasta obtener la victoria. De repente me escuche a mi misma hablar en Lenguas y todo mi corazón se lleno de gozo, porque algo maravilloso estaba aconteciendo.

La esposa del pastor entonces comenzó a alabar a Dios y regocijarse porque sabía que yo estaba siendo bautizada por el Espíritu. Cuando mire en dirección de mis abuelos, sus rostros estaban llenos de gozo y ellos no cesaban de alabar a Dios y darle gracias por su Espíritu.

Hechos 2.4: Y fueron todos llenos del Espíritu Santo, y comenzaron a hablar en otras lenguas, según el Espíritu les daba que hablasen.

Es exactamente lo que experimente en la iglesia ese viernes. Esto me cambio la vida aun de tan tierna edad. Que lindo saber que Dios está conmigo en una manera tan especial. En la noche después del servicio, nos fuimos con mis abuelos de regreso a su casa. Caminamos porque su casa no quedaba lejos de la iglesia. Esa misma noche, cuando llegamos su casa, antes de dormirnos mi abuelo se arrodillo al lado de nuestra cama, y nos dijo las siguientes palabras: «Esta noche, Dios os ha dado a vosotras algo tan especial, las a bautizado con el Espíritu Santo, es un regalo que tienen que atesorar para toda su vida».

Mientras orábamos el Espíritu lleno nuestra habitación y no cesábamos de hablar en lenguas y de orar con mis abuelos.

Dios los uso esa noche, ambos oraban por nosotras mientras permanecíamos en el altar, reconociendo que necesitábamos este precioso don para poder vivir la vida que Dios nos ha llamado a vivir.

Verdaderamente puedo decir que Dios tenía todo bajo control. Él se encargó del más mínimo detalle esa noche, de la manera en que llegamos a la iglesia y también como llegamos a casa de mis abuelos después. Cuando pruebas un poco de la bondad de Dios y de su amor a tan temprana edad es algo inolvidable.

Cuando mi mamá escucho las noticias de lo que había acontecido estaba super emocionada. Le compartí a mi mamá que quería bautizarme ese mismo Domingo. Ese domingo por la noche se celebraba un servicio de bautismo, pero aún no habíamos compartido al pastor que quería bautizarme en agua. Entonces mi mamá le hablo por teléfono al pastor para compartirle me deseo. Mientras mi mamá hablaba con el pastor, él le respondió de que no estaba sorprendido de oír que me quería bautizar viendo él mismo como Dios había tocado mi vida ese viernes. Dios es el autor de nuestras vidas. Él escribe nuestra historia todos los días en el jardín de nuestra vida.

Una niña de doce años, y ya había gustado de la bondad de Dios y anhelaba más. Fui bautizada en el Espíritu y agua en la misma semana, ¡Gloria a Dios! El Espíritu Santo nos llenará nuestros corazones y fortalecerá con su poder para seguir sirviéndole.

LA PROMESA DE DIOS: Dios vela por nosotros. Él es nuestro guardián, y a sus ojos no se escapa ni un detalle de lo que esta sucediendo en nuestras vidas. Los ojos Dios están sobre nosotros, y a pesar de que ve todo, nada puede detener el amor de Dios. Podemos tomar consuelo con esta verdad y descansar sabiendo que él vela por nosotros.

Hechos 2.39: Porque para vosotros es la promesa, y para vuestros hijos, y para todos los que están lejos; para cuantos el Señor nuestro Dios llamare.

Gálatas 3.27: Porque todos los que habéis sido bautizados en Cristo, de Cristo estáis revestidos.

Mateo 3.11: Yo a la verdad os bautizo en agua para arrepentimiento; pero el que viene tras mí, cuyo calzado yo no soy digno de llevar, es más poderoso que yo; él os bautizará en Espíritu Santo y fuego.

Este capitulo se trata del inicio de mi amistad con Jesús. Fue el punto de partida de mi peregrinaje en el JARDIN DE MI VIDA.

El himno, *"Oh que Amigo nos es Cristo"* describe el inicio de mi historia. Jesús se había vuelto en mi amigo, en momentos que no tuve amigos, Él fue un verdadero amigo. Cuando me sentí sola, Él fue mi amigo.

Solo hay un amigo verdadero y se llama Jesús, aprendí esto de muy temprana edad; Él a cuidado de mi y vela por mí, por eso lo amo tanto.

Es bueno reconocer que Jesús es nuestra porción, y cuando lo tenemos por amigo constante, sus ojos siempre están sobre nosotros. Sí Él tiene cuidado de los pajarillos, cuanto mas no tendrá cuidado de mí.

Oh que Amigo nos es Cristo
Letra: Joseph Seriven
Musica: Charles C. Converse

¡Oh qué amigo nos es Cristo!

Él llevó nuestro dolor,

Él nos manda que llevemos

Todo a Dios en oración.

¿Está el hombre desprovisto

De paz, gozo y santo amor?

Esto es porque nos llevamos

Todo a Dios en oración.

¿Estás débil y cargado

De cuidados y temor?

A Jesús, refugio eterno,

Díle todo en oración.

¿Te desprecian tus amigos?

Cuéntaselo en oración;

En sus brazos de amor tierno

Paz tendrá tu corazón.

Jesucristo es nuestro amigo:

De esto prueba nos mostró,

Pues para llevar consigo
Al culpable, se humanó.
El castigo de su pueblo
En su muerte él sufrió;
Cristo es un amigo eterno;
¡Sólo en Él confío yo!

CAPITULO 5

EN EL JARDIN DE LA VIDA CAMINANDO POR FE TEMPORADA DE PRIMAVERA, TIEMPO DE SEMBRAR Y CRECER

¿Qué es fe?

Proverbios 3.5: Fíate de Jehová de todo tu corazón, y no te apoyes en tu propia prudencia.

Hebreos 11.6: Pero sin fe es imposible agradar a Dios; porque es necesario que el que se acerca a Dios crea que le hay, y que es galardonador de los que le buscan.

La fe siempre a sido muy importante para mi en mi caminar con Dios. Al pasar de los años he comprendido que la fe es la que me a mantenido en este camino. Y en muchas etapas de mi vida me he preguntado a mí misma, ¿qué es fe? Y he pasado muchas horas contemplando que significa esto en mi vida. La mayoría de las veces llegaba a la conclusión de que significaba hacer y obedecer la Palabra de Dios. La fe es una elección. Por la fe nos convertimos en nuevos creyentes. Nosotros elegimos de creer en Jesucristo.

Cuando comencé este peregrinaje de la fe con Dios, muy pronto me di cuenta de que vivir por fe no depende de mis emociones, o de como me sienta en ciertos días, ni tampoco de las circunstancias que me rodean. Significaba mucho mas que esto. Casi siempre, los sentimientos están basados en los resultados que obtenemos en la vida. Si lo hice bien, me sentía bien; si las cosas me salían mal me cargaba de pensamientos de derrota. Este procedimiento no es lo que nos enseña la Biblia, sino una fe mundana. La verdadera fe requiere una vida que es agradable a Dios.

Yo pronto me di cuenta de que la fe no es un sentimiento sino una dependencia de Dios. Y si yo iba a lograr éxito en esta jornada, entonces yo necesitaría apoyarme en Jesús y depender en su fidelidad y capacidad y darme cuenta de que Dios es mucho más grande que yo. La fe genuina significa que aprendemos apoyarnos en Dios y no en nosotros mismos.

 La fe es una jornada, un proceso; así como un niño pequeño aprende a confiar en sus padres, así también nosotros aprendemos a confiar en Dios. Lo digo porque lo aprendí de temprana edad.

Cuando no pude confiar en los que supuestamente eran confiables, supe que solo Dios me podía sacar adelante; no importa lo que estaba pasando, Él siempre estaba presente para mí.

TEMPORADA DE SEMBRAR
LA AVENTURA COMIENZA

Me case 1976 en Montreal y ya para 1980 mi esposo me comenzó a compartirme su deseo mudarnos a la cuidad de Brantford, Ontario. El hecho de yo haber crecido en Montreal rodeada de mi familia me atemorizaba mucho la idea de moverme lejos de Montreal. Mi esposo era muy persistente y ya hasta había empezado a buscar trabajo en Brantford.

No estaba segura de que era lo que Dios quería que hiciéramos, pero sabía que esto era lo que mi esposo esperaba que aconteciera. Él confiaba que Dios lo estaba dirigiendo a tomar esta decisión. Y todo lo que se me venia a mente era lo difícil que seria dejar a toda mi familia, mis abuelos, mis padres y hermanos. Fue una decisión muy difícil de tomar. Le pedí a Dios que me ayudara y que me diera la fuerza para tomar esta decisión para mudarnos.

En Junio, finalmente nos mudamos a Brantford, solo nosotros dos con la esperanza de que Dios nos acompañaba. No estaba tan segura de lo que iba a acontecer o si mi esposo tendría trabajo. Lo único que podía hacer era depender y confiar en Dios. Este es el proceso del cual he venido hablando, de como aprendemos a confiar en Dios sin saber o tener todos los detalles para nuestras vidas. Supe que extrañaría a mi familia muchísimo, especialmente mi abuelo que para esa fecha estaba en el hospital de veteranos en Montreal porque una de sus piernas fue amputada y estaba sujeto a una silla de ruedas.

Nunca olvidare el día que llegue a despedirme de él antes de partir para Brantford. Se me hizo un nudo en mi garganta y mis ojos llenos de lágrimas, el dolor que sentí no tiene palabras. Mi corazón estaba sobre quebrantado. Al llegar a su habitación, él sabía que íbamos a despedirnos. Cuando lo miré en su silla de ruedas pude ver el dolor en su rostro. Yo sabia que él estaba demasiado triste y esperaba que cambiara de opinión y no me fuera. La decisión ya estaba hecha y recuerdo que le dije que no se preocupara porque Dios estaba con nosotros. Hoy mirando atrás puedo entender porque estaba tan triste. Él quería que su familia permaneciera junta. Él nos amaba tanto y no quería vernos ir.

Al llegar a Brantford, la compañía donde mi esposo iba a comenzar a trabajar termino por cerrarse y por ende tuvo que volver a buscar trabajo. ¡Imagínense eso! Pero nosotros seguimos confiando en Dios y dependiendo de su provisión. Pronto después, encontró un nuevo empleo y comenzó nuestra jornada juntos en Brantford.

En 1981, mi esposo quiso levantar su propio negocio como paisajista (Mantenedor de terrenos) yo realmente ni idea tuve como iniciar este proceso. No conocíamos a muchos por el hecho de que estábamos recién llegados. Pero creo que Dios pone estos deseos en nuestros corazones y espera que nosotros actuemos en fe. Yo se que Dios ha estado siempre ahí todo el tiempo para nuestra familia.

Mi esposo y yo comenzamos el negocio en 1981 y hemos visto la fidelidad de Dios todo este tiempo. Yo creo que Él deposita semillas en nuestros corazones y si somos buenos jardineros estas semillas tomarán raíz y crecerán. Le damos el cuidado a estas semillas cuando las alimentamos con la palabra de Dios, orando y permitiendo que el Espíritu de Dios la riegue para que lleguen a su perfecta medida. Es por esto por lo que he nombrado esta jornada en el Jardín de la vida. Mi vida ante Dios es una jornada de diferentes temporadas de la vida.

TEMPORADA DE CRECIMIENTO

En 1980, esperábamos nuestro primer bebe ambos estábamos muy contentos y emocionados de que íbamos a formar una familia. En junio de 1981 tuvimos nuestra primera hija, Anna. Ella nos trajo mucha felicidad y alegría que agradecemos tanto a Dios por habérnosla dado.

En Julio de 1985, estuve en cinta nuevamente con nuestro segundo bebe. Mi abuelo falleció en junio de ese mismo año y lo extrañaba tanto; recuerdo que le pedía tanto a Dios que me ayudara durante este tiempo y Dios me dijo que el bebe que estaba en mi vientre tendría el mismo corazón que mi abuelo. Me regocije por esto confiando que Dios lo haría. Mientras Donnie crecía, pude ver como él tenía el mismo corazón que el de mi abuelo- amoroso, amable, comprensivo. Dios es tan fiel.

Esta temporada de primavera en mi vida eran tiempos de crecimiento y de darme cuenta cuanto Dios realmente me amaba y que siempre ha estado conmigo, a pesar de como estuviesen mis ánimos en la vida, a veces se sentía como si Dios no estuviera presente, pero ahí estaba. Era un tiempo de conocer mas mi Rosa de Sarón (Jesús) a medida que caminada con Él y dependía de Él para socorrerme para vivir esta vida.

Esta temporada era tiempo de crecimiento espiritual, era necesario depender de que Dios supliera toda necesidad para mi familia. Un tiempo de confiar en Dios, caminado por fe y no por vista y lo que mis ojos veían no era el resultado final. Nunca vamos a poder ver la obra completa de Dios con estos ojos naturales. Solamente cuando los ojos espirituales del corazón son abiertos es cuando vemos la obra de Dios en nuestras vidas. Esto me recuerda de la alabanza que se canta que dice: *"abre mis oh Cristo, abre mis ojos te pido"*

Ver lo que Dios esta haciendo en nuestras vidas es una revelación en nuestros corazones. Ver lo que el quiere lograr en nosotros es reconocerlo y nos motiva a cultivar el terreno de nuestros corazones para permitir que la semilla crezca. En la naturaleza este proceso se llama germinación. Se muere la semilla para brotar nueva vida y crecer.

Esto comienza sembrando una pequeña semilla en tierra. Con el ambiente adecuado, la semilla germina y rompe por la tierra. Hay que verlo así, la semilla es la palabra de Dios y la tierra es mi mente and también la actitud de mi corazón.

La semilla (La Palabra de Dios) toma raíz en nuestros corazones y no solo eso sino también produce fruto. En esta temporada, le pedí a Dios que sembrara y creciera todo lo que él disponía en mi corazón. Mantenerse a la expectativa y tener entendimiento de lo que Dios está haciendo vendrán conforme encomendamos nuestro camino a Dios y confiar plenamente que el hará lo que a dicho. Y, por tanto, la condición de nuestro corazón determina el crecimiento de la semilla. El proceso de sembrar la semilla y esperar que crezca a plenitud requiere fe; creemos que de la semilla sembrada saldrá en algo fructífero.

Proverbio 4.23: Sobre toda cosa guardada, guarda tu corazón; porque de él mana la vida.

Salmo 37.5: Encomienda a Jehová tu camino, Y confía en él, y él hará.

Escogí el himno que dice *"Nada se sobre el futuro,"* porque muchas veces no sabia que esperar para el mañana. Ambos caminábamos por fe, sin saber que nos esperaba el mañana. Puedo decir claramente que muchas de las cosas del mañana no podemos entender, pero de una cosa estoy segura Cristo nos llevara de la mano.

Mientras las temporadas de nuestra vida cambian, lo que produce en nuestra fe es crecimiento. Es necesario entender, que cuando cambian las temporadas siempre traen consigo nuevos retos y nuevas etapas en nuestro caminar de la vida. Le agradezco a Dios por permitir todos estos cambios en mi vida, porque puedo decir que trajeron verdadero crecimiento en el Espíritu y aprendí a confiar en Dios diariamente. Los versículos de Eclesiastés 3, me confirman que, si, todo tiene su tiempo en la vida. Lo que determinan los resultados es nuestra actitud durante estos cambios de temporadas. Cambios se producen en nuestras vidas cuando nos rendimos completamente a Dios y permitimos que el Espíritu de Dios nos moldee a la imagen y semejanza de Jesús, así como el alfarero moldea un terrón de barro en una bella vasija.

Eclesiastés 3.1-8:

Todo tiene su tiempo, y todo lo que se quiere debajo del cielo tiene su hora.

Tiempo de nacer, y tiempo de morir; tiempo de plantar, y tiempo de arrancar lo plantado;

Tiempo de matar, y tiempo de curar; tiempo de destruir, y tiempo de edificar;

Tiempo de llorar, y tiempo de reír; tiempo de endechar, y tiempo de bailar;

Tiempo de esparcir piedras, y tiempo de juntar piedras; tiempo de abrazar, y tiempo de abstenerse de abrazar;

Tiempo de buscar, y tiempo de perder; tiempo de guardar, y tiempo de desechar;

Tiempo de romper, y tiempo de coser; tiempo de callar, y tiempo de hablar;

Tiempo de amar, y tiempo de aborrecer; tiempo de guerra, y tiempo de paz.

Nada se sobre el futuro
Letra: Alison Krauss

Nada se sobre el futuro

Desconozco lo que habrá

Es probable que las nubes

Mi luz vengan a opacar

Nada temo del futuro

Pues Jesús conmigo esta

Hoy le sigo decidido

Pues él sabe lo que habrá

Muchas cosas no comprendo

Del mañana con su afán

Mas un dulce amigo tengo

Que mi mano sostendrá

Oooh

Uuuuu

Nada se sobre el futuro

Desconozco lo que habrá

Mas si el cuida de las aves

Él también me cuidara

Y al andar por mi camino
En la prueba o tempestad
Se que cristo ira conmigo
Se que guarda su bondad
Muchas cosas no comprendo
Del mañana con su afán
Mas un dulce amigo tengo
Que mi mano sostendrá
Muchas cosas no comprendo
Del mañana con su afán
Mas un dulce amigo tengo
Que mi mano sostendrá
Sostendrá

CAPITULO 6

EN EL JARDIN DE LA VIDA UNA PRUEBA DE FE

TEMPORADA DE INVIERNO

Como creyentes debemos de entender que en algún tiempo de la jornada nuestra fe va a ser probada. Tenemos muchos ejemplos en la palabra de Dios en los cuales la fe es probada. Grandes pruebas producen grandes testimonios.

Santiago 1.2-3: Hermanos míos, tener por sumo gozo cuando os halléis en diversas pruebas, sabiendo que la prueba de vuestra fe produce paciencia

En 1994, mi fe fue probada en una manera muy grande. A la edad de 13 años, recibimos la noticia de parte del Doctor que nuestra hija tenia escoliosis en la columna y que tarde o temprano necesaria cirugía en su espalda. Esta jornada comenzó con una sencilla visita al cirujano ortopédico en

Hamilton que también confirmo que ella tendría necesidad de cirugía en el futuro. Como familia comenzamos a orar implorar la dirección de Dios para Anna. El temor se había apoderado de mi corazón de tal manera, que no podía conciliar el sueño o hallar la paz. Cuando comencé a buscar a Dios lo único que pude hacer era clamar a Él y preguntarle como íbamos a pasar esta prueba. Yo sabía que Él nos podía ayudar y dependíamos de Él y comenzamos a orar que Dios sanara el cuerpo de Anna. No cesamos de Orar y pedirle a Dios el milagro de sanarla. Como familia tómanos uso de cada oportunidad para clamar a Dios y buscar su poder sanador para Anna. Pude ver cuanto estaba obrando en nuestras vidas y como nuestra fe crecía diariamente, y como dependíamos de Dios diariamente para fortaleza y dirección.

Recuerdo claramente como Anna tenia gran fe y tomaba cada oportunidad que se presentaba cuando se hacia un llamado para orar en el altar de la Iglesia. Puede ver como Dios estaba obrando en su vida, pero voy a ser muy honesta en decir que era muy difícil para mi verla sufrir con tanto dolor. Mi corazón se quebrantaba por ella y había tiempos cuando quise tanto poder hacer algo por ella, y me sentía impotente.

Al transcurrir el tiempo, decidimos ir a un Doctor en London y después de esa cita ella me dijo,

«Mamá, no quiero ir a ese hospital para cirugía.» para este tiempo tenia 23 años. Supe en ese día después de la cita que ella sintió que no iría a ese hospital para la cirugía.

Al llegar a casa después de esa cita estaba tan desanimada que ni podía pensar. Solo sabia que necesita escuchar de Dios cual seria el siguiente paso. Como después de una hora recibí una llamada de mi hermana en Montreal. Ella nos pregunto como estábamos, y pudo oír en mi voz que estaba desanimada. Ya había compartido con ella lo que pasaba con Anna y dijo que conocía un cirujano ortopédico en Montreal en el hospital donde trabajaba y que arreglaría una cita.

DIOS OBRANDO

En una semana nos dieron una cita en Montreal. Esta cita era con el mejor cirujano en Montreal el cual había hecho la misma cirugía en muchos pacientes. En esa cita el cirujano nos explico lo que iba a acontecer durante esas dos cirugías, era necesario que Anna tuviese un examen de resonancia magnética antes de partir nuevamente a casa. Él nos explicó que estas dos cirugías serian muy complicadas y aseguro a Anna y a mí que ella estaría en buenas manos. Supe en ese momento que Dios estaba en el asunto y estaba obrando ya en la vida de Anna. Al día siguiente nos dieron la cita para el examen y el cirujano nos dijo que iba a programar las cirugías para Anna. El Doctor ya nos había dicho en la cita pasada que estas cirugías no serían tan fáciles.

Durante este periodo de tiempo en el cual esperábamos por las fechad de las cirugías fue lo más difícil para mí. Porque no quería ver a Anna sufrir y verla pasar este momento tan difícil. Después que nos dieron las fechas de las cirugías me llene de temor y ansiedad. Estaba atemorizada de lo que pudiera pasar o algunas complicaciones que Anna posiblemente enfrentaría. La fe de Anna en Dios crecía en una manera maravillosa. Hubo tiempos que ella misma me animaba a mi en vez de yo animarla a ella.

Ella estaba muy cerca de Dios durante este tiempo y su oído bien dócil a su voz. Me compartía ella que Dios le decía de que no tuviera temor y que Él estaría con ella durante todo el camino. Estaba muy maravillada de su fuerza y de su fe y supe que era Dios, y solamente Dios en su vida. Supe que después de dejar el hospital en Montreal que Anna estaría en buenas manos. De hecho, recuerdo que el Doctor nos dijo que el iba a hacer todo lo posible y que Dios se encargaría del resto.

TIEMPOS DE DESILUSIÓN

Nos volvieron a llamar de Montreal y finalmente teníamos las fechas para la cirugía inicialmente la cirugía seria en junio y Anna tendría que estar en mayo para la preparación de la cirugía. Después de su pre-operación, la cirugía estaba programa para junio, pero recibimos una llamada informándonos que iba a ser cancelada porque el hospital no contaba con la maquinaria necesaria para monitorear la columna. La cirugía iba a volver a ser programada para algún tiempo en Julio y el hospital nos confirmaría mas adelante.

En julio, las cirugías fueron canceladas nuevamente. Recibimos otra llamada de la oficina del Doctor informándonos que las cirugías otra vez serian reprogramadas porque aún no tenían la máquina para monitorear su columna. Ya para esta fecha podía ver que Anna estaba muy frustrada y preocupada por causa de las fechas. Sabía que teníamos que orar a Dios y pedir que nos ayudara a pasar esto comenzamos a orar como familia y también con mi hermana en Montreal.

En agosto, recibimos confirmación del hospital que las cirugías serian programadas para el mes de septiembre. Todo fue solucionado para transportar la maquinaria y también el técnico que operaria la máquina. Esto tomo mucho tiempo y coordinación para que la cirugía llegara a cabo. Supe que estaría lejos de nuestro hogar por largo tiempo, entonces me comencé a preparar. El principio de septiembre llevamos a Anna a Montreal para iniciar esta jornada. Tuvimos que dejarla ahí por una semana y nosotros regresamos a casa, esto fue muy difícil para mi pero mi hermana me aseguro de que estaba en buenas manos, y yo sabia que si lo estaba. Y durante esta semana que Anna estaba en Montreal permanecí en oración, pero tenia sentimientos de temor y de ansiedad por lo que ella tenia que enfrentar.

Una noche me había acostado ya pero no podía conciliar el sueño. Tomé mi biblia y comencé a leer. Solo la abrí y comencé a leer la palabra de Dios. Me mantuve preguntado a Dios, «¿por qué Anna tiene que atravesar esto y que es lo que ha hecho para experimentar todo este dolor?» recuerdo derramar lagrimas y clamar a Dios hasta que ya no pude mas «¿por qué Dios no estaba escuchando mis oraciones?» Como dos horas mas tarde, escuche una voz en mi espíritu diciéndome, «Deja a Anna en mis manos. Entrégamela a mi y te mostrare mi gran poder y te manifestare mi poder sanador a mi manera.»

Esta no fue la respuesta que esperaba escuchar. Lo que en realidad quería escuchar de Dios era, «La voy a sanar, y no tendrá que pasar por estas cirugías ni por dolor.» pero los caminos de Dios no son nuestros caminos.

Job 37.5: Truena Dios maravillosamente con su voz; Él hace grandes cosas, que nosotros no entendemos.

La voz de Dios es como truenos en la manera que hace proezas, las cosas que antes no lograba entender, pero a medida que pasaba el tiempo, yo pude comprender.

Después de esa semana me reuní con Anna nuevamente en Montreal y comenzamos a prepararnos para la primera cirugía, estaba programada para el lunes por la mañana. Mientras hablaba y oraba con Anna, pude ver como Dios le había dado una paz increíble en su corazón, esa paz que sobrepasa todo entendimiento. Me decía que no tenia miedo; y supo que Dios iba a estar con ella durante todo este tiempo.

Filipenses 4.7: Y la paz de Dios, que sobrepasa todo entendimiento guardara vuestros corazones y vuestros pensamientos en Cristo Jesus.

Estaba segura de que Anna había recibido este tipo de paz departe de Dios. Ella lo estaba demostrando en su vida hasta el mismo momento de la primera cirugía. Dios estaba cuidando su corazón y su mente, lo supe y lo pude ver en su vida.

LA PAZ DE DIOS

La mayoría de las veces en la vida creemos que solo experimentamos paz cuando todo anda bien o cuando tenemos felicidad. Cuando tenemos todo lo que necesitamos y queremos, pero no necesitamos paz cuando todo esta bien, la verdadera paz se requiere cuando estamos en medio de la tormenta, cuando estamos en el centro de la tormenta.

Lucas 8.22-24: Un día, Jesús subió a una barca con sus discípulos y les dijo: Vamos al otro lado del lago. Y partieron. Mientras navegaban, él se quedó dormido. Entonces se desató una tormenta sobre el lago, y la barca comenzó a hundirse poniéndolos a ellos en peligro. los discípulos fueron a despertar a Jesús y lo llamaron a gritos: ¡Maestro, Maestro, ¡nos estamos hundiendo! Él se levantó y ordenó al viento y a las olas que se calmaran. La tormenta se detuvo y todo quedó tranquilo.

FUERZA EN MEDIO DE LA TORMENTA

El lunes por la mañana, llegamos al hospital con Anna para la primera cirugía. Todo estaba listo de acuerdo al programa. Vino el doctor y hablo con Anna y conmigo y nos aseguró que todo iba a salir bien Anna entro al quirófano y mi hermana yo nos fuimos a la sala de espera. Supe que esta sería una cirugía larga, pasamos la mayoría de ese día en oración esperando las noticias de que Anna estuviera en la sala de recuperación y que todo estuviera bien. Después de aproximadamente 10 horas recibimos la llamada que subirían a Anna a la sala de recuperación y que la cirugía había salido bien, y también ella se encontraba bien.

Cuando Anna llego a su habitación, tenia un soporte instalado en su cabeza y dos de sus costillas fueron removidas de su cuerpo; este proceso ya nos había sido explicado a nosotros, era el primer paso necesario para empezar a alinear su columna. Les puedo decir que hice todo lo posible para no quebrantarme porque supe que necesitaba ser fuerte frente Anna. Después, el cirujano vino a hablar conmigo y me confirmo que todo había salido bien en esta primera cirugía y estaba confiado que todo iba de acuerdo al plan.

El doctor me dijo que los próximos seis días serian críticos para Anna; que ninguna infección o fiebre le debería de llegar a Anna para que así la segunda cirugía se llevará acabo el siguiente lunes. Durante este tiempo, mi hermana y yo tomábamos turnos para quedarnos con ella en el hospital día y noche y permanecíamos orando y alabando a Dios con ella. Anna me pedía que pusiera alabanzas y música de adoración y cuando no podía dormir, nosotros solo alabábamos y orábamos al Señor juntas.

Todos los días, los doctores venían a ponerle mas peso al soporte de su cabeza para permitir que su columna se enderezara y se preparara para la segunda cirugía. Pude ver durante este tiempo cuanto había crecido en el Espíritu y lo mucho que ella confiaba que Jesús estaba a su lado. Ella estaba tan confiada que Jesús estaba con ella que era tan asombroso ver. Anna tenia una tremenda fuerza y una fe que crecía en ella diariamente.

Gracias a Dios que Anna nunca tuvo una infección durante esos seis días; Dios la protegió en gran manera. Su presencia estuvo con nosotros de día y de noche en esa sala de hospital. Antes de la segunda cirugía el pastor de mi iglesia en Montreal vino al hospital a orar por Anna y asegurarme que también la iglesia estaba orando por ella. Yo se que muchas personas estaban orando por ella.

Desde nuestra casa y aquí en Montreal recibía llamadas para hacerme saber que estaban orando por nosotros. No hay nada mas efectivo para nuestras vidas como creyentes que el poder de la oración. Hay poder en la oración. La oración activa la mano de Dios.

El domingo por la noche, el cirujano vino a vernos a Anna y a mi para confirmar que todo estaba listo para el lunes para la segunda cirugía. Él me aseguro de que iba a hacer todo lo posible y que estaba dependiendo en que Dios hiciera el resto. Yo estaba completamente asombrada como el cirujano nos hablaba, pero en realidad era lo que estábamos pidiendo a Dios y Él estaba en el control.

Yo sabía en mi corazón que el Doctor tenía una cirugía muy difícil por adelante y todos estábamos orando por él para que Dios lo acompañara y guiara sus manos. Dios era nuestra fortaleza y nuestra victoria. Solo Dios podía hacer lo imposible. Él es el Dios de lo imposible cuando nuestro entendimiento humano es inadecuado entonces es cuando Jesús nos hace saber que el cargara con nuestras pruebas y las hace ligeras. Si venimos a Jesús el nos levantará y abrirá nuestro entendimiento para que podamos ver realmente cuanto nos ama y cuanto esta dispuesto en ayudarnos con nuestras cargas de la vida.

Mateo 11.30: Porque mi yugo es fácil y ligera mi carga.

El lunes por la mañana, Anna fue llevada para su segunda cirugía. Esta cirugía fue para remover el soporte y para poner unas varillas en su columna. Puedo decir hoy que este fue el momento más difícil en mi vida de soltarla y confiar que solamente Dios estaba con ella. Esta cirugía demoro once horas fue el día mas largo de mi vida.

El cirujano explico que durante este proceso tuvieron que despertar a Anna para asegurarse que todavía tuviera sentido en sus piernas y que sus nervios estuvieran funcionando. Como era de esperarse esta operación fue muy difícil e intensa tanto como a los doctores y Anna. Mi hermana y yo pasamos la mayor parte de ese día en oración y alabando a Dios pidiéndole que enviara sus ángeles a acampar en ese cuarto de operación y protegieran a Anna.

Fue como a las 8:00 de la noche recibimos la llamada en la sala de espera de parte de la enfermera del cuarto de recuperación para darnos la noticia que la operación salió bien y que Anna se encontraba con bien. La enfermera me pregunto que si quería hablarle para ponerla en el teléfono. Nunca olvidare ese momento. Ella dijo, «Mamá, Mamá, estoy bien, estoy bien.» llore al escuchar su voz y no podía aguantarme para poder verla otra vez.

Por las 10:00 de la noche escuchamos la puerta del elevador abrirse y vimos a Anna siendo sacada en su camilla. La llevaron al cuarto y lo único que pude hacer es abrazarla y besarla sabiendo que solamente fue Dios quien guardo y cuido su vida. La cirugía fue muy muy larga y muy dura para su cuerpo, pero nuestro Dios es Dios de amor y esperanza.

Cuando no tenemos ninguna esperanza, Él nos da esperanza; cuando no tenemos fuerza él nos da fuerza. Cuando el cirujano vino a verme en el cuarto de Anna confirmo conmigo que tuvo dificultades con la cirugía y me compartió que, durante la operación, cuando él pensó que había hecho todo lo posible para enderezarle la columna de Anna, se dio cuenta que podía avanzar y hacer mucho mas de lo que él había imaginado que era humanamente posible. Después de haber escuchado esta historia todos supimos quien le había dado la fuerza para seguir – Dios. El cirujano mismo estaba asombrado de los resultados de la operación.

La mejor manera de describir esta historia era conforme se iba desarrollando día a día ante nuestros ojos. Esta historia era de como Dios amaba a Anna y de cómo cuidaba de ella minuto a minuto. Dios nos estaba revelando su poder. El nos revelaba su poder sanador. Yo supe que los siguientes 6 días serian una prueba para nosotros, pero también supe que Dios estaba con nosotros.

El día después de la cirugía, el personal del hospital nos dijo que iban a tratar de levantar a Anna. Las enfermeras vinieron a su cuarto y la ayudaron a sentarse en la cama y luego a tratar que ella se pusiera de pie. Nunca olvidare ese momento en mi mente; ha quedado como una foto grabada en mi memoria. Se pudo poner de pie muy bien delante de mis ojos, de hecho, pude ver el gran milagro de Dios de su poder sanador. Lagrimas corrían por mis mejillas al ver lo que Dios había hecho.

En los siguientes días después de la cirugía fueron difíciles, Anna necesita una trasfusión de sangre por la cantidad que había perdido durante la operación. Gracias a Dios que todo esto salió bien. Su recuperación estaba progresando maravillosamente bien y mejorando cada día. De acuerdo al reporte de las enfermeras me dijeron que estaban asombradas como es que Anna estaba tomando muy poca medicina para el dolor, típicamente esta clase de cirugía requiere demasiada medicación para el dolor. También me compartieron que ella solamente había tomado un cuarto de la morfina que los doctores le prescribieron.

Dios es un Dios de Milagros. En tan solo unos días todos hablaban de Anna en el hospital. Ellos la llamaban la niña milagro. Enfermeras de otros pisos llegaban a verla y yo recuerdo una enfermera del piso 7 que era cristiana llegaba queriendo ver aquel milagro que Dios ya había realizado. Así es como uno empieza a darse cuenta de tan pequeña que es nuestra mente humana y que tan grandioso es Dios. Mucha gente llegaba a verla y a compartir con nosotros los reportes que habían escuchado de los doctores y enfermeras. En la manera que Dios estuvo con Anna durante este tiempo fue una gran expresión de su asombrosa gracia y amor.

Recuerdo algunas de las enfermeras haciéndome preguntas acerca de mi fe y confianza en Dios. Esto me dio la oportunidad de compartir las bondades de Dios. Así es como Él trabaja en nuestras vidas, Él nos permite experimentar dolor para así poder mostrar al mundo su grandeza y poder. Dios permite dolor para mostrar su PODER SANADOR. Si hay algo que aprendí durante este tiempo fue que nosotros no podemos hablar de algo que jamás hallamos experimentado. Nuestras experiencias en esta vida ya sean buenas o difíciles, nos formaran en la semejanza de JESUS. Jesús se ha convirtiendo en mi Rosa de Sarón en mi vida. Estas experiencias crearan en nosotros amor por los demás, paciencia, entendimiento del dolor de otros, pero sobre todo llenaran nuestros corazones con la misericordia de Dios para alcanzar y ayudar otros en necesidad.

Me alegro decir que la recuperación de Anna fue muy buena y que no hubo ninguna complicación gracias a Dios. Durante los últimos días en el hospital el cirujano que realizo la operaron a Anna vino a hablar conmigo otra vez y compartió cuanto él confiaba que Dios estaba con él durante la cirugía.

Él también dijo que de todas las cirugías que había realizado, la de Anna ha sido la mas difícil ¿No nos preguntamos porque Dios usa estas situaciones para hablar a otros y mostrar su grandeza, y así mismo probarle hasta a la sociedad médica que Dios esta en control?

Cerrare este capítulo con esta pregunta que yo misma me he preguntado muchas veces en mi jardín de vida con Jesús, mi Rosa de Sarón. ¿Qué lección puedo aprender cuando todo lo que puedo hacer es confiar en JESUS?

Aprendí que la dependencia no tiene que ser de nosotros mismos sino de Dios, nuestro Señor y Salvador, nuestro Guardián y Vencedor. La paz genuina proviene de una dependencia plena en Dios quien tiene todo bajo su CONTROL.

Isaías 41.10: No temas, porque yo estoy contigo; no desmayes, porque yo soy tu Dios que te esfuerzo; siempre te ayudaré, siempre te sustentaré con la diestra de mi justicia.

<u>FE EN DIOS SIGNIFICA QUE NOS APOYAMOS EN ÉL Y DEPENDEMOS EN SU CONFIABILIDAD.</u>

Salmo 55.22: Echa sobre Jehová tu carga, y él te sustentará;

No dejará para siempre caído al justo.

Deuteronomio 31.6: Esforzaos y cobrad ánimo; no temáis, ni tengáis miedo de ellos, porque Jehová tu Dios es el que va contigo; no te dejará, ni te desamparará.

2 Tesalonicenses 3.16: Y el mismo Señor de paz os dé siempre paz en toda manera. El Señor sea con todos vosotros.

Salmo 29:11: Jehová dará poder a su pueblo; Jehová bendecirá a su pueblo con paz.

Mientras escribía este capítulo. Recordaba este himno que canto una y otra vez, **"DEBO DECIRLE A JESUS"**. Leyendo las palabras de este himno pone en perspectiva cuanto Él tiene cuidado de nosotros. Que traducido en español seria "Debo de contarle a Jesús todas mis pruebas; no puedo con estas cargas yo solo; en mi prueba él me ayudo él ama y cuida a los suyos." así es Jesús, Él es nuestra vida. Él siempre estará ahí en el tiempo de la prueba y cuando nuestra fe es probada. Él cuida de nosotros y nunca nos dejara solos.

Una oración para tiempos difíciles

SEÑOR, AYUDANOS A CONFIAR EN TI, AYUDANOS A NO CONFIAR EN NUESTRA PROPIA PRUDENCIA. AYUDANOS A RECONOCER QUE TU ESTAS CON NOSOTROS SIEMPRE, TU NOS VES Y OYES EL CLAMOR DE NUESTRO CORAZON, ANIMANOS TODOS LOS DIAS. OH DIOS, VELA POR NOSOTROS, PROTEGENOS Y GUIANOS, Y SOSTENOS EN TUS BRAZOS DE AMOR, AMEN.

DEBO DECIRLE A JESUS
Letra: Elisha Hoffman

Tengo que decirle a Jesús

Todos mis problemas

No puedo soportar estas cargas solo

En mi angustia

Él amablemente me va a ayudar

Él siempre se preocupa y ama a los suyos

Tengo que decirle a Jesús

Todos mis problemas

Él es un amigo amable y compasivo

Si tan solo le pido

Él me librara

Hace que mis problemas

Terminen rápidamente

Tentado y probado necesito un gran salvador

Uno que puede ayudarme a mis cargas poder soportar

Tengo que decirle a Jesús, tengo que decirle a Jesús

Él se interesa de mis preocupaciones y tristezas.

CAPITULO 7

EN EL JARDIN DE LA VIDA
MI CAMINAR EN LA FE

TEMPORADA DE VERANO

Mirando atrás en esta temporada de mi vida yo reconocí que esta temporada era de crecimiento para mí. En esta temporada de vida, comencé a darme cuenta de que las semillas de fe que habían sido plantadas en la temporada de primavera requerían cuidado y nutrición para que este proceso de crecimiento continuara.

Yo soy una persona muy organizada y naturalmente no me gusta tener interrupciones pronto aprendí que vamos a tener muchas interrupciones en la temporada de crecimiento. Durante esta temporada de crecimiento, vamos a experimentar tiempos en donde no habrá suficiente agua para regar las plantas, y también lo contrario a veces demasiada lluvia. Días muy calurosos, también lo opuesto, días muy fríos, pero nos mantenemos cuidando el jardín. Nosotros proveemos agua cuando se necesita no solo cuando tenemos suficiente lluvia. Y adherimos fertilizantes a nuestras plantas para permitir que sigan creciendo de manera saludable. Esto requiere tiempo esfuerzo y perseverancia.

TEMPORADA DE CRECIMIENTO

En el aspecto espiritual de mi vida supe que el crecimiento espiritual requiere de la palabra de Dios diariamente, orar y depender del Espíritu Santo para revelar en mi corazón la verdad en su palabra. Cuando leía la palabra de Dios y no la podía entender, le pedía al Espíritu Santo que me ayudara a entender. Leyendo y estudiando la palabra de Dios nos ayuda a crecer tremendamente. Se asemeja a nutrir nuestras almas con el pan de vida y así mismo le permite producir fruto en nuestras vidas.

Durante esta temporada llegue a conocer a Jesús en una manera especial. Él era en quien yo dependía diariamente por su ayuda para las respuestas en los problemas que surgían. A veces las temporadas de crecimiento pueden ser difíciles. No siempre hice las decisiones correctas y no siempre tuve las respuestas adecuadas para los problemas. Pero Jesús sí. Yo sabía que si seguía creciendo con Él diariamente y si mi vida tomaba raíz en la vida de Jesús entonces el crecimiento espiritual sería el resultado. Cada día seria yo más y más a la semejanza de Jesús, mi Rosa de Sarón.

PRODUCIENDO FRUTO

Mas el que fue sembrado en buena tierra, este es el que oye y entiende la palabra, y da fruto; y produce a ciento, a sesenta, y a treinta por uno.

Para poder dar buen fruto, entendí que en la temporada de crecimiento con Jesús era mi responsabilidad el nutrir mi relación con Él. Necesitaba aceptar todo lo que venía hacia a mi confiando que toda obra para bien.

El deseo de Jesús es que cada uno de nosotros estemos en comunión con Él. Cuando uno ve un huerto bien fructífero y abundante, entonces sabemos que el jardinero lo esta cuidando muy bien. Así también es nuestra vida espiritual. El solo haber oído de Jesús no es lo que produce fruto, se trata de conocer de Él pero aún más importante es tener comunión con Él.

Juan 15.1-8: Yo soy la vid verdadera, y mi Padre es el labrador. Todo pámpano que en mí no lleva fruto, lo quitará; y todo aquel que lleva fruto, lo limpiará, para que lleve más fruto. Ya vosotros estáis limpios por la palabra que os he hablado.

Permaneced en mí, y yo en vosotros. Como el pámpano no puede llevar fruto por sí mismo, si no permanece en la vid, así tampoco vosotros, si no permanecéis en mí. Yo soy la vid, vosotros los pámpanos; el que permanece en mí, y yo en él, éste lleva mucho fruto; porque separados de mí nada podéis hacer. El que en mí no permanece, será echado fuera como pámpano, y se secará; y los recogen, y los echan en el fuego, y arden. Si permanecéis en mí, y mis palabras permanecen en vosotros, pedid todo lo que queréis, y os será hecho. En esto es glorificado mi Padre, en que lleváis mucho fruto, y seáis así mis discípulos.

Jesús es la viña y nosotros somos los pámpanos. Jesús limpiara todo pámpano que no produce fruto. Este proceso nos ayudara a producir mas fruto en nuestras vidas. Esto es lo que quiera decir estar en comunión, dejar todo a Jesús, estar completamente rendido a su voluntad. La comunión intima con Jesús sucede cuando habitamos en Él y Él habita en nosotros. Separados de Jesús, nunca podemos dar fruto. A esto me refería anteriormente lo necesario que es leer la Palabra de Dios y permitir que tome raíz en nuestros corazones. En nuestra vida natural, para conocer una persona mejor necesitamos pasar tiempo con esa persona. Es igual con Jesús, para conocer a Jesús es necesario tener una relación con Él.

Yo supe en mi corazón que quería conocer mas de Jesús. La comunión con Jesús era mi deseo mas grande sobre todas las cosas en este mundo. Aprender a permanecer en Jesús, es lo que me dio esperanza. Muchas veces en mi mente se me venían los recuerdos como mi abuela cultivo esa relación con Jesús. Recuerdo muy seguido escucharla orar y decirle a Jesús cuanto le amaba y le agradecía por darle la salvación.

Yo era apenas una niña y me di cuenta como ella hablaba con Jesús casi como si estuviese hablando conmigo. Ella le contaba sus necesidades y le pedía que cuidara de nosotros a medida que íbamos creciendo. Ella había alcanzado un gran entendimiento de lo que significa permanecer en Jesús. Ella dependía totalmente de Él para que supliera todas sus necesidades y cumpliera los deseos de su corazón. Era una maravilla realmente, como tenía una gran comunión con Jesús. Hoy me pregunto ¿esta clase o tipo de relación es posible? Si, claro que lo es. Cuando tu y yo estamos dispuestos a rendir todo a Jesús, es entonces que Él se revelara tanto a ti como a mí.

El crecer en el Espíritu es realmente necesario para todos aquellos que quieren permanecer en Jesús. Él se hacia mas y mas real en mi vida cotidiana mientras escuchaba su voz y sabia en mi corazón cuanto Él me amaba. Mi relación con Él crecía y yo comenzaba a depender de Él por su dirección.

Quiero compartir un poco acerca del proceso de cortar pámpanos en mi vida durante esta temporada. Esto es algo que mire a mi papá hacer como jardinero y también a mi esposo que también lo hacia seguido como paisajista. Cada vez que limpiaban un árbol y cortaban las ramas yo miraba las plantas y los árboles y me decía a misma «*no van a sobrevivir.*» Para mi sorpresa, sobrevivieron; no solo eso, crecieron mas frondosos y mejor que antes y producían más fruto.

En 1995, tuvimos unas campañas de avivamiento en nuestra iglesia. El evangelista había venido del sur de África y tenia el fuego de Dios. Tuvimos dos semanas de servicios increíbles. Dios se movió en gran manera en mi vida y también en la vida de mi esposo. Tuvimos tiempos de refrigerio y tiempos de avivamiento. Fue asombroso poder experimentar el toque de Dios en nuestras vidas. Al final de estas dos semanas habíamos experimentado grandes cambios. Dios estaba obrando en nuestras vidas concediéndonos dones espirituales y revelaciones. Durante estas dos semanas Dios nos dio palabra de profecía y de animo a nosotros. Me di cuenta de que Él tenía un plan para nuestras vidas para avivar nuestros corazones y revivir el amor y la pasión para Jesús en nuestros corazones.

Volviendo otra vez al proceso de podar, yo supe que durante este tiempo Jesús estaba podando. Él estaba removiendo cosas en mi vida que estaban estorbando mi crecimiento. Este proceso es muy necesario en el creyente. Si no fuera así Jesús no lo hubiera dicho en su palabra.

La definición de podar en la agricultura quiere decir cortar lo muerto, partes no deseables o torcidas de un árbol o arbusto, y también cortar cosas no útiles que no tienen provecho. Podar beneficia al árbol entero. Remueve lo muerto, lo que esta dañado partes podridas para prevenir la infestación de insectos o que todo el árbol se pudra. Escuchando esta definición me enseño como Jesús quería quitar toda parte indeseable o partes dañadas en mi corazón.

Este no fue un proceso fácil de sobrellevar. Pero en el fin sabía que obraría para bien. Mientras retrocedíamos de nuestra cochera una noche, Dios me hablo claramente. Esto es lo que me dijo: «¿has mirado esos arbustos que han sido podados? Míralos y ve lo que yo estoy haciendo en tu vida.» No nos damos cuenta la cantidad de cosas y partes dañadas que necesitan ser quitadas de nuestro corazón para cumplir con el plan de Dios. Yo no me había dado cuenta de tantas cosas escondidas en mi corazón de mi pasado que estaban afectando mi crecimiento espiritual.

Entendí que esta temporada era necesaria para un crecimiento espiritual saludable y comenzar a producir buenos frutos para llegar a ser efectiva a lo que Dios me estaba llamando que hiciera. Jesús me estaba ayudando a permanecer en Él y producir frutos del Espíritu.

Gálatas 5.22-24: Mas el fruto del Espíritu es amor, gozo, paz, paciencia, benignidad, bondad, fe, mansedumbre, templanza; contra tales cosas no hay ley. pero los que son de Cristo han crucificado la carne con sus pasiones y deseos.

Lucas 6.43-45: No es buen árbol el que da malos frutos, ni árbol malo el que da buen fruto. Porque cada árbol se conoce por su fruto; pues no se cosechan higos de los espinos, ni de las zarzas se vendimian uvas. hombre bueno, del buen tesoro de su corazón saca lo bueno; y el hombre malo, del mal tesoro de su corazón saca lo malo; porque de la abundancia del corazón habla la boca.

En estos versículos leemos que el buen árbol no puede producir malos frutos, esto me confirma que cuando permanecemos en Jesús, sin duda vamos a producir buenos frutos.

La vida en Jesús ha de producir todo el fruto necesario para avanzar nuestro crecimiento. El resultado será dar frutos y bendiciones a los demás compartiendo frutos de amor, gozo, paciencia, paz, benignidad y bondad.

De este fruto del cual he estado hablando no se produce en nosotros sin Jesús. Cuando tu y yo permanecemos en Jesús y en su palabra, este será el fruto que se produce. ¿Por qué es necesario el fruto en nuestras vidas? Es para que seamos de bendición a los demás. El deseo de Jesús es tener comunión con nosotros. Él desea estar en nuestras vidas y dirigirnos continuamente. Yo he aprendido a permanecer en Jesús, esta es la razón que le puedo llamar la Rosa de Sarón; Él es mi vida y he aprendido a depender de Él en todo.

Muchas veces, me encuentro hablándole a Jesús y teniendo una conversación completa, así como si la tuviera con cualquier otra persona. Él vive en mi y yo vivo en él. Yo le amo con todo mi corazón. Jesús es mi vida.

Gálatas 2.20: Con Cristo estoy juntamente crucificado, y ya no vivo yo, más vive Cristo en mí; y lo que ahora vivo en la carne, lo vivo en la fe del Hijo de Dios, el cual me amó y se entregó a sí mismo por mí.

El crecimiento espiritual es un proceso de toda la vida que depende de nuestra voluntad de estudiar la palabra de Dios y de caminar en el Espíritu. Cuando buscamos el crecimiento espiritual, necesitamos pedirle a Dios por sabiduría en las áreas que él desea que nosotros crezcamos. Dios aumentara nuestra fe y conocimiento. Con la ayuda del Espíritu Santo podemos vencer y llegar a ser más como nuestro señor Jesucristo. A medida que permanecemos en Él, Él se manifestara a nosotros.

Esta es la razón por la cual le amo, él es mi Rosa de Sarón en mi jardín de la vida.

Jesús ha sido mi Rosa de Sarón hay un himno titulado en el jardín que dice así, "Y camina conmigo y habla conmigo, y la melodía, que ha dado a mi dentro de mi corazón está sonando."

En el Jardin
Letra: Jim Reeves

vengo al jardín solo

mientras el roció todavía esta en las rosas

y la voz que escucho que cae en mi oído

el hijo de Dios da a conocer

y camina conmigo

y habla conmigo

y me dice que soy su propiedad

y el gozo que compartimos mientras nos detenemos ahí,
nadie jamás ha conocido

él habla y el son de su voz tan dulce

que aun las aves callan su cantar.

y la melodía que me ha dado a mí

en mi corazón está sonando

y me dice que suya soy.

LAS BENDICIONES DE DIOS

Nos podemos deleitar y estar satisfechos con las cosas buenas que Dios nos da. Cosechar la bendición de Dios depende del hecho que la condición de nuestro corazón esta correcta. No se trata de nosotros, todo se trata de Él. Cuando somos humildes, y sembramos abundantemente entonces segaremos abundantemente. El problema mas grande es en como sembramos. Muchas veces, nuestro hombre natural se opone a la manera y la cantidad que Dios quiere que sembremos. Pero es necesario ser obedientes a Él y tener fe de que Dios traerá la cosecha.

La cantidad de semilla que sembramos en la vida va a determinar la cantidad de nuestra cosecha. Sembrar para el reino de los cielos para mi comenzó a temprana edad comencé a dar clases dominicales a la edad de catorce años y sembrar semillas de esperanza y amor en las vidas de los niños pequeños de la iglesia. Muy pronto comencé a ver que estos niños estaban siendo bendecidos con mi esfuerzo y amor.

En la biblia la palabra de Dios es descrita como semilla. Todo lo que sembramos es lo que cosechamos. Nosotros necesitamos entender que lo que cosechamos en el futuro va a depender solamente en las semillas que sembramos. A medida que sembramos semilla y la regamos con la palabra de Dios, entonces ciertamente esta garantiza una gran cosecha; llena de amor, y también su paz y gozo que sobrepasa todo nuestro entendimiento en nuestras vidas.

La verdad es muy simple para entender si estamos dispuestos a sembrar semillas de bendición en la vida de otras personas, entonces vamos a cosechar bendiciones en nuestras vidas. Dios es fiel a nosotros en esta temporada de cosecha. Hasta cuando no podemos ver la bendición de Dios, Él nos está bendiciendo. Durante tiempos de problemas y tiempos de sufrimientos también podemos experimentar la bendición de Dios. Como niña en esos tiempos difíciles de crecimiento, yo supe que Dios me estaba bendiciendo. Él estaba velando por mi todo el tiempo. Él me estaba llamando mas cerca a Él. Y cada día le podía conocer más y más.

Este es el proceso de sembrar que mis abuelos practicaron conmigo. Ellos continuamente sembraron y derramaron en mi palabra de vida, palabras de ánimo, su protección sus consejos y su gran amor que tenían para mí. Nunca vamos a cosechar lo que no estamos dispuestos a sembrar o dar. Una vida despojada de si se requiere para poder cosechar abundantemente en las vidas de otros.

Le doy gracias a Dios cada día por darme este corazón dadivoso y de entendimiento. Creo que nuestros ojos necesitan ser abiertos al propósito de Dios en nuestras vidas para poder sembrar en el reino de Dios.

ORACIONES CONTESTADAS:

Muchas oraciones han sido contestadas. La bondad de Dios siempre ha estado conmigo. Muchas veces, no nos damos cuenta como de bueno es Dios hacia a nosotros y como nos esta bendiciendo. Es con gran gozo que puedo testificar que Él contesta las oraciones. Durante tiempos de necesidad y tiempos de tribulación supe que Él estaba conmigo. Supe que él velaba por mi y me estaba protegiendo de todo peligro.

2 Corintios 9.6: Pero esto digo: El que siembra escasamente, también segará escasamente; y el que siembra generosamente, generosamente también segará.

Lucas 6.38: Dad, y se os dará; medida buena, apretada, remecida y rebosando darán en vuestro regazo; porque con la misma medida con que medís, os volverán a medir.

Para este capitulo he escogido el himno titulado "Cuenta tus bendiciones" las palabras de este himno, nos hace reconocer que necesitamos contar nuestras bendiciones haciendo esto confesamos el poder de Jesús en nuestras vidas y todo lo que Él ha hecho por nosotros. vamos a estar sorprendidos de todo lo que el Señor ha hecho. Él nos dará ayuda y consuelo en esta jornada de la vida.

¡VIVID UNA VIDA GENEROSA Y SEGARAS UNA VIDA DE BENDICIONES ETERNAS!

ORACION DE ACCION DE GRACIA: Señor mi Dios, te doy gracias por todas tus bendiciones; te doy gracias por tu mano de protección por tu bondad hacia a nosotros y tu amor perfecto que nunca falla. Padre, te agradezco por ser mi fuerza en mi tiempo de necesidad y mi esperanza cuando no tuve. Gracias por tu gran regalo de tu gracia que me sostiene todos los días mientras camino en mi jardín de la vida. Gracias.

CUENTA TUS BENDICIONES:
Autor Johnson Oatman.
Musica por Edwin O. Excell

Cuando te abrumen penas y dolor, cuando tentaciones rujan con furor, ve tus bendiciones; cuanta y veras.

Cuantas bendiciones de Jesús tendrás.

Bendiciones, cuenta y verás,

Bendiciones que recibirás;

Bendiciones, cuenta y verás

Cuantas bendiciones de Jesús tendrás.

¿Sientes una carga grande de pesar?

¿es tu cruz pesada para aguantar?

Ve tus bendiciones; cuenta y veras

Como aflicciones nunca más tendrás.

Bendiciones, cuenta y verás,

Bendiciones que recibirás;

Bendiciones, cuenta y verás

Cuantas bendiciones de Jesús tendrás.

Cuando veas a otros que más ricos son,

Piensa que de Cristo es tu galardón.

Oro no te compra lo que Dios te da:
Un hogar eterno done Él esta.
Bendiciones, cuenta y verás,
Bendiciones que recibirás;
Bendiciones, cuenta y verás
Cuantas bendiciones de Jesús tendrás
No te desanimes do el mal esta,
y si no desmayas, Dios te guardara.
Ve tus bendiciones y de Él tendrás
Gran consolación y paz.

CAPITULO 8

EN MI JARDIN DE MI VIDA MI CAMINAR EN LA FE. TEMPORADA DE QUEBRANTAMIENTOS EN MEDIO DE LAS ADVERSIDADES.

Crecimiento en medio de dificultades y adversidades.

He pensado en estos dos temas por mucho tiempo durante mi vida. ¿Por qué hay adversidades y por que hay desilusiones y dolor? Leyendo la palabra de Dios encontramos muchos ejemplos de como Jesús y sus discípulos enfrentaron adversidades y muchas persecuciones en sus vidas y sus ministerios. Yo encontrado que las adversidades o persecuciones a los hijos de Dios muchas veces vienen de personas religiosas.

El diccionario define la palabra persecución como maltrato por causa de raza o creencias religiosas;

opresión, molestia acoso. Comencé a darme cuenta de que este maltrato va a venir del mundo secular pero también puede pasar dentro del ministerio.

Cuando comencé a escuchar de Dios en el 2017 que quería que escribiera este libro de mi vida y de mis experiencias y de mi caminar en la fe con Jesús, comencé a preguntarme a mi misma si seria capaz de compartir mis experiencias. Pero supe que Dios me ayudaría a hacer esto y que había una gran razón de porque quería que escribiera este capítulo.

Este capitulo se trata de ser un vencedor y victorioso en medio de las adversidades, problemas y ofensas. Se trata de escapar las trampas de las ofensa y falta de perdón. Se trata de como crecemos y maduramos de los problemas y retos mas grandes de nuestras vidas. Aunque este no es un capítulo fácil para mí de escribir, yo se que va a ayudar a muchas personas. Cuando leemos en la biblia de las veces que Jesús sufrió los maltratos, abusos, y rechazos de muchos, acusado de cosas que no había hecho, y despreciado por muchos. Me comencé a dar cuenta que no estaba escribiendo algo fuera de lo común entre la esfera de creyentes. Si miramos de cerca la vida de Jesús, vamos a entender que la mayoría de las persecuciones vinieron de los lideres religiosos de aquellos días.

A veces otros nos van a ofender y no va a ser fácil perdonarlos. Personas que simplemente tienen una religión, pero no una comunión con Jesús, nunca van a poder entender lo que Dios esta haciendo en la vida de otros. Es muy sencillo, en la perspectiva de hoy, no vas a entender las cosas del Espíritu o lo que Dios esta obrando en otro creyente sino tienes una relación con Jesús. Es el Espíritu Santo que nos guiara a entender la pasión y el corazón de otro creyente.

Nuestra pasión y celo por Jesús es muy fácil de ser mal entendido. Cuando estas completamente entregado a Jesús y Él esta en tu vida, prepárate. El enemigo de tu alma no estará contento. Satanás usara a cualquiera que esta dispuesto para interrumpir tu vida. Estos eventos que pasan se pueden convertir en escalones para nosotros.

Mi esposo y yo pasamos un tiempo de avivamiento en nuestra iglesia en 1993-1994. Mi vida había cambiado en una manera enorme, y mi corazón y alma estaban encendidos por Jesús. Yo deseaba más y más de Jesús y Él me estaba transformando de adentro hacia afuera. Era un despertar que estaba aconteciendo en mi corazón que quemaba como fuego. Supe que Jesús se estaba convirtiendo en la vida misma. Un cambio remarcable estaba sucediendo y un genuino despertar de la palabra de Dios en mi corazón.

Me sentí convencida de compartir estos problemas para manifestar la misericordia de Dios y darle a Dios toda la gloria porque Él nunca nos deja o desampara no importando la situación. Acuérdate que satanás es un mentiroso y que él es el engaño en la raíz de todos los problemas. El traerá toda la confusión que fuere posible a nuestras vidas.

Tener pasión y celo es muy importante cuando servimos a Jesús. Mi esposo y yo siempre estábamos dispuestos de servir dondequiera que estuviera la necesidad. Primero, necesitamos entender que no estamos edificando nuestro propio reino; estamos edificando el reino de Dios. Yo siempre creí que esto era verdad en mi corazón. Cualquier cosa que hacíamos era hecha con todo nuestro corazón y alma. Estamos sirviendo al Rey de Reyes y Señor de Señores. Él es digno de nuestro compromiso total.

TEMPORADA DE ADVERSIDADES

Cuando comencé a servir en la iglesia muy rápido se hizo una gran bendición para mí. Se me dio la oportunidad de ministrar a personas en necesidad y también a tener convivencia y animar al cuerpo de Cristo. A medida que leemos en la biblia, sabemos que Jesús ministro muchas veces de esta manera a sus discípulos.

Él los animaba a tener convivencia los unos a los otros y también ministrar los unos a los otros. Toda puerta abierta por Dios es una oportunidad de servir en el reino de Dios para su gloria y honra. Lo voy a decir en una manera muy sencilla; cuando estamos dispuestos a Jesús, el «*yo*» tendrá que apartarse de el camino. Que Jesús crezca y nosotros menguemos. Ahora, el despojarse del *yo* no pasa por accidente, no, no va a ser fácil. Para que Jesús sea glorificado en nuestras vidas el *yo* tiene que disminuir.

Gálatas 2.20 Con Cristo estoy juntamente crucificado, y ya no vivo yo, más vive Cristo en mí; y lo que ahora vivo en la carne, lo vivo en la fe del Hijo de Dios, el cual me amó y se entregó a sí mismo por mí

Cuando estamos haciendo la voluntad de Dios y sirviéndole, no tenemos que estar sorprendidos si algunas cosas nos interrumpen por algún tiempo. Yo creo que todas estas cosas que nos pasan en nuestro caminar con Jesús son temporadas en nuestras vidas. Estas interrupciones deben ser bienvenidas en nuestro caminar con Jesús. Yo se que, en mi jardín de la vida con Jesús, mi Rosa de Sarón, las adversidades siempre serán oportunidades que nos enseñarán a depender en Jesús y serle más fiel a Él.

Mientras mi esposo y yo seguíamos sirviendo algunas situaciones comenzaron a surgir que nos ponían en un lugar difícil. La parte mas difícil es tratar de defenderte a ti mismo cuando sabes que de lo que te acusan no es verdad. Pude ver como estos eventos aumentaban en mi corazón al punto de que comenzaron a ser ofensivos. Ahora, déjenme aclarar. Las ofensas vendrán a nuestras vidas para que aprendamos a perdonar.

Yo de joven enfrente muchos dolores que lastimaron mi corazón y encontraba la manera de liderar con ellos. Sabia que si no lidiábamos con esta situación que lo mas probable es que comenzaran a afectarme. Mas que todo, estaba preocupada de la manera que esto iba a afectar a mi familia.

Comencé a darme cuenta en mi corazón de lo que estaba aconteciendo no iba a desaparecer pronto. Conocer a Jesús es también compartir sus padecimientos. En este mundo vivir en sufrimiento no es muy bien recibido. La mayoría de los doctores quieren darnos cualquier medicamento para mitigar el dolor y deshacer cualquier sufrimiento o dolor en nosotros.

Mi esposo y yo entendimos que por más difícil que fuera que Dios estaba permitiendo que esto pasara. Durante mis tiempos de oración Dios me hablaba y me aseguraba que Él estaba conmigo y mi familia.

Él Espíritu Santo me consolaba y animaba constantemente.

Salmo 34.18: Cercano está Jehová a los quebrantados de corazón;

Y salva a los contritos de espíritu.

Es necesario entender que Dios siempre esta en control de lo que nos acontece. Esto es lo que siempre me ha animado. Hay que ver el porque satanás quiere que estas ofensas se levanten contra nosotros. Cada ofensa que se levanta contra nosotros, si lo permitimos tomara raíces en nuestro corazón y será el anzuelo que usara contra nosotros. Y el propósito de Dios no se cumplirá en nuestras vidas.

Recuerdo ahora que estoy escribiendo este capitulo como muchas veces me sentí derrotada. Hubo ocasiones que sentía como si algo estaba muriendo dentro de mí. Y comencé a entender que Dios estaba tratando de enseñarme una lección muy difícil en estos tiempos. Por difícil que fuera, necesitaba rendir mi vida a Él y a su voluntad. ¿Cuál es el aspecto mas importante de nuestro caminar de fe con Jesús? Es que nos rindamos a su voluntad y no la nuestra. Darme por vencida y rendirme nunca ha sido fácil para mí. De joven yo siempre quería estar en control de la situación no me gustaba no saber lo que pasaba a mi alrededor y no poder responder a lo que estaba pasando.

TEMPORADA DE SUMICION Y ENTREGA

Lentamente comencé a mirar el cuadro completo. Mi corazón me decía muchas veces, «no vas a poder salir de esta.» el enemigo de nuestras almas me repetía varias veces que esta vez me iba a destruir. El objetivo final de satanás es llevarnos a una posición en la cual pensamos no vamos a salir de esta vivos. Acuérdate que él es mentiroso, y todo lo que él dice son mentiras. Él quiere controlar nuestras vidas. En el salmo 121.1, el rey David dice así: "Alzaré mis ojos a los montes; ¿De dónde vendrá mi socorro? Mi socorro viene de Jehová, Que hizo los cielos y la tierra".

Hubo veces que personas que no sabía nada de la situación me llamaban. Y me daban diferentes versos de la biblia para animarme para seguir adelante. Era tan asombroso, un lunes por la mañana, una anciana de la iglesia me llamo. mientras ella hablaba conmigo, me compartió que Dios le impulsaba a que me llamara. Y lo que me compartió impresiono mi corazón en gran manera esa mañana. Y me dio la escritura y dijo, «tienes que leer esto hoy,» y me dio Isaías 43.2: "Cuando pases por las aguas, yo estaré contigo; y si por los ríos, no te anegarán. Cuando pases por el fuego, no te quemarás, ni la llama arderá en ti."

Mientras leía estos versículos de la biblia algo estaba pasando, yo me di cuenta de que Dios sabía exactamente lo que estábamos pasando y que estaba usando a otros para llamarme, animarme y fortalecerme. Estaba maravillada de como Dios se manifiesta a nosotros y nos hace saber que nos esta cuidando. Nunca tenemos que temer lo que el enemigo nos esta tratando de hacer. Dios esta en su trono y Jesús intercede por nosotros siempre. El Espíritu Santo es nuestro consolador y nos ayudara durante estos tiempos.

Juan 14.26: Mas el Consolador, el Espíritu Santo, a quien el Padre enviará en mi nombre, él os enseñará todas las cosas, y os recordará todo lo que yo os he dicho.

RECONOCIENDO LAS SEÑALES

Corto tiempo después yo comencé a sentir dolor en mi cuerpo y necesitaba atender el problema. Yo decidí ir a ver al doctor para ver que me pasaba. Le compartí como mi cuerpo estaba en dolor. La doctora me examino, me hizo unos exámenes y me confirmo que no pudo encontrar nada malo en mí.

Ella me pregunto si todo estaba bien en el hogar o si estaba pasando algún tipo de problema. Le compartí algunos de los detalles; ella me miro y sencillamente me dijo, «Rosanna, tu y tu esposo necesitan tomar una decisión de separarse de esta situación.» a veces Dios usa a otros para ayudarnos a tomar las decisiones correctas en nuestras vidas.

Hay muchas temporadas en la vida cuando no siempre entendemos lo que esta pasando, no siempre vamos a estar en la cima de la montaña, muchas veces vamos a encontrarnos en los valles. Pero sabe esto, que el Dios de la montaña también es el Dios del valle. **Él siempre esta presente en todo tiempo. Él nunca nos dejara ni nunca nos desamparara.** No importa quien o cuantas personas nos han dejado, **Él nunca nos dejara.**

Estos tiempos de prueba y dificultad vienen para hacernos más a la semejanza de Jesús. No importa lo que pueda venir en contra de nosotros tenemos un salvador que venció y está sentada a la diestra de Dios, lo único que necesitamos hacer es rendir todo nuestro dolor a Él y É nos sanara. Él ha venido a sanar los quebrantados de corazón. Nuestro quebranto es una oportunidad para Jesús de reconstruirnos y hacernos más a su imagen.

UN VISTAZO DENTRO DE NUESTROS CORAZONES

Lo más importante es que nosotros estemos dispuestos a admitir cuando nosotros nos sentimos lastimados y confesar que necesitamos la ayuda el Espíritu Santo. Entonces será la única manera en la cual Jesús pueda sanar nuestros corazones y restaurarnos. Jesús nos enseña a orar los unos por los otros, y necesitamos orar. Hay poder en la oración y también hay poder en perdonar. Cuando oramos, la fuerza del enemigo es quebrantada. La trampa que el enemigo pone para nosotros es destruida. La meta del enemigo es encerrarnos adentro de la ofensa del dolor, y de la falta del perdón. Si nosotros escogemos permanecer en estas cosas, entonces no vamos a poder perdonar.

TEMPORADA DE PERDON Y SANIDAD

Para que el proceso de sanidad comience algo que es muy importante necesita iniciar en nuestros corazones. Este es el paso mas importante que vamos a tener que tomar muchas veces en nuestro caminar con Jesús; se llama el perdón. En mi temprana edad a medida que iba creciendo el perdón se convirtió en parte de mi vida. Nosotros a veces estamos un poco confundidos del verdadero significado del perdón. Como seres humanos Dios nos ha hecho con multitudes de emociones, temores, esperanzas, y tenemos varias maneras de interpretar las situaciones en nuestras vidas. Uno de nuestros primeros instintos es de siempre protegernos y proteger a nuestros seres queridos. Tenemos una habilidad de recordar los buenos tiempos, pero aún más fácil de recordar los malos tiempos. Jesús dijo, "Perdona nuestras deudas como también perdonamos a los que nos ofenden," Dios nos pide que perdonemos, no solamente siete veces sino setenta veces siete y aun mas que esto.

Perdonar a alguien quiere decir que no guardamos rencor y que no tenemos ningunos sentimientos de mala voluntad hacia ellos. Necesitamos librarlos en paz y sin ninguna retribución de nosotros. Esto se aplica cuando les decimos que los hemos perdonado y también si nunca tuvieron la oportunidad de pedir por nuestro perdón. Lo mas importante es que en nuestros corazones verdaderamente los hemos perdonado.

¡EL PERDON NOS HACE LIBRES!

La regla de oro, en mateo 7.12 nos dice que: "todas las cosas que queráis que los hombres hagan con vosotros, así también haced vosotros con ellos." Esta es la esencia de todas las enseñanzas de Jesús. Tenemos que recordar que si permitimos cualquier ofensa o dolor tomar raíz en nuestro corazón entonces nunca seremos librados de las mismas. Necesitamos guardar nuestros corazones porque de él mana la vida. El secreto es en discernir lo que está sucediendo en nuestros corazones y lidiar con la ofensa antes que tome raíz. Necesitamos aprender a perdonar a otros, a aquellos que nos lastiman, que nos abandonan, aquellos que se burlan de nosotros, los que nos traicionan; estas cosas fueron hechas a Jesús, ¿entonces porque estamos sorprendidos cuando estas cosas nos acontecen?

Con mucho gozo en mi corazón puedo decir que Jesús a sido mi sanador, Él ha sanado mi corazón quebrantado y mis desilusiones. Él ha sanado mi corazón con la ayuda de un maravilloso pastor y consejero Dios comenzó el proceso de sanar mi corazón y también el de mi esposo. Tomo tiempo, pero supe que íbamos en el camino a la recuperación. Dios ha sido tan fiel a mi y mi familia que todas estas experiencias me han acercado mas a Jesús. Él permanecerá fiel a nosotros. Me tomo de la mano y siempre supe que estaba conmigo y que nunca me dejaría.

MADURANDO EN TIEMPOS DIFICILES

Los tiempos difíciles siempre vendrán en nuestra jornada de la vida con el Señor. No tenemos que escapar de ellas sino lo contrario enfrentarlas. Esto es parte de el proceso de rendir nuestras vidas y permitir que el poder de la resurrección de Jesucristo nos levante de estos tiempos difíciles.

NUNCA TE RINDAS: 2 Corintios 4: 8-9 que estamos atribulados en todo, mas no angustiados; en apuros, mas no desesperados; perseguidos, mas no desamparados; derribados, pero no destruidos.

LAS ADVERSIDADES SON TEMPORALES: Romanos 8.18 Pues tengo por cierto que las aflicciones del tiempo presente no son comparables con la gloria venidera que en nosotros ha de manifestarse.

DIOS SIEMPRE ESTA CERCA: Salmo 34.18 Cercano está Jehová a los quebrantados de corazón;

Y salva a los contritos de espíritu.

SUFRIENDO COMO CREYENTES: 1 Pedro 4.12-12 Amados, no os sorprendáis del fuego de prueba que os ha sobrevenido, como si alguna cosa extraña os aconteciese,

 sino gozaos por cuanto sois participantes de los padecimientos de Cristo, para que también en la revelación de su gloria os gocéis con gran alegría.

LA PROTECCCION DE DIOS: Salmo 9.9 Jehová será refugio del pobre,

Refugio para el tiempo de angustia.

Necesitamos darle gracias a Dios por estas experiencias amargas; estas experiencias nos hacen crecer en gran manera. El crecimiento que logramos durante estos tiempos nos ayuda a ministrar a otros que están pasando un tiempo difícil en sus vidas. A la perspectiva de Dios, el sufrimiento nunca es en vano. Es la manera que Dios nos enseña de depender completamente de Él de su ayuda y refugio.

¿Por qué debemos perdonar?: La palabra de Dios nos dice. En la cruz. Jesús dijo, "Padre, perdónalos…" ¿Por qué? "Por qué no saben lo que hacen" (Lucas 23.44). Cuando decidimos caminar en fe y trabajar al lado de un Dios perdonador, entonces el perdonar se hará un estilo de vida para nosotros. El perdón debe de ser parte de la vida de cada creyente. Siempre necesitamos mostrar misericordia, amor y gracia a los demás. A medida que nos humillamos y vivimos un estilo de vida de perdón, la gracia de Dios llenara nuestros corazones y creceremos en la gracia de Dios.

LA CONFIRMACION DE DIOS A NOSOTROS

El domingo 18 de noviembre, del 2018, mi esposo y yo fuimos a un servicio de una iglesia que nos habían invitado. Él me animo que me preparara porque sintió la necesidad que estuviéramos presentes. Pronto me di cuenta a medida que hablaba el predicador que era el propósito de Dios que estuviésemos ahí. hablo a nuestros corazones y fue como si Dios nos estaba diciendo, «Yo he estado ahí todo el tiempo.» Al final del servicio él sintió departe de Dios compartir lo que Dios le había revelado en el Espíritu. Él le dijo a mi esposo que Dios le había revelado en visión un autobús y que mi esposo y yo estábamos adentro. Y le dijo a mi esposo, «Te veo manejando el autobús intentando ir donde tu crees que Dios quiere que vayas y también veo que este fue un tiempo difícil en sus vidas,» y añado también que miraba ángeles cuidando del autobús y que nos estaban protegiendo. Mientras él hablaba estas palabras, yo lo entendí todo en el espíritu. Dios nos estaba declarando que ha estado con nosotros todo el tiempo. Él estaba al tanto de todo lo que estábamos pasando y sus ángeles habían sido enviados a protegernos.

Esta es la verdadera razón que necesitaba escribir este capitulo porque solamente Dios y el Gran Yo Soy es omnisciente. Él nos sostiene en sus amorosas manos y nunca nos soltara. Dios siempre confirmara su palabra en nosotros. Esta es una historia de victoria, una historia de el amor asombrosos de Dios y su protección. Él siempre velara por nosotros.

Este himno describe mi vida durante estos momentos. Nunca supe cuanto mi ancla iba a aguantar, a veces tal parecía que me hundía y no podía sostenerme más, hasta que me di cuenta de que yo no soy el ancla, Jesús es mi ancla. Cuando Él es tu ancla, toda la fortaleza y el apoyo que siempre vamos a necesitar se encontrara en la vida de Jesús. No importa lo que estas pasando, Dios está contigo. Él nunca te dejara ni nunca te desamparara. Clama a su nombre y Él te responderá.

Si, cuando pasamos esas largas noches de tormenta él está contigo y conmigo.

Nuestra jornada en la vida es andando por fe y no por vista o por lo que vemos en el momento.

Mi Ancla Firme Esta
Escrito por Lawrence Chewning

Yo he viajado

la noche larga y oscura

En un abierto mar

Solo por fe

Sin poder ver

Y aun así el me vio

CORO
Mi ancla firme esta

Y mi barca azotada

Mi ancla firme esta

Aun con velas rotas

He caído en mis rodillas

Enfrentando dificultad

Mi ancla firme esta

En la tempestad

He tenido visiones

He tenido sueños

Y con mis manos los palpe

Mas nunca pensé

Que se resbalarían

En mi jardín de mi vida mi caminar en la fe. Temporada de quebrantamientos en medio de las adversidades.

Como la arena en el mar

CORO
Mi ancla firme esta

Y mi barca azotada

Mi ancla firme esta

Aun con velas rotas

He caído en mis rodillas

Enfrentando dificultad

Mi ancla firme esta

En la tempestad

Yo joven fui

Y ahora envejecí

Hubo belleza

Que pude ver

Mas fue en la noche

Por tantas tormentas

Que Dios me mostro

Su amor por mi

CAPITULO 9

EN MI JARDIN DE LA VIDA-MI ENCUENTRO Y VISION ENERO 2017 MI ENCUENTRO CON JESUS

Apocalipsis 21.18-20: El material de su muro era de jaspe; pero la ciudad era de oro puro, semejante al vidrio limpio; y los cimientos del muro de la ciudad estaban adornados con toda piedra preciosa. El primer cimiento era jaspe; el segundo, zafiro; el tercero, ágata; el cuarto, esmeralda; el quinto, ónice; el sexto, cornalina; el séptimo, crisólito; el octavo, berilo; el noveno, topacio; el décimo, crisoprasa; el undécimo, jacinto; el duodécimo, amatista.

En enero del 2017, durante mi tiempo de oración comencé a sentir el Espíritu Santo en mi corazón de una manera diferente. Comencé a orar y a pedir a Jesús lo que estaba pasando en mi corazón, a medida que oraba tenía un deseo muy profundo de experimentar a Dios en una manera diferente.

Muy pronto después de orar esto por una noche me sentí muy ansiosa. Me fui a acostar, pero no podía dormir. Intenté dormirme, pero de ninguna manera podía, en este tiempo comencé a orar y empecé a preguntarle al Espíritu Santo que es lo que estaba pasando.

UN DESTELLO DEL CIELO

Lo único que recuerdo es que finalmente me dormí. En cierto punto, me di cuenta de que estaba despierta, pero como si fuera del cuerpo. Comencé a sentir que estaba volando o que me llevaban a este lugar donde no hay limites y supe que Jesús me tenia de la mano y me llevaba arriba. Mientras me acercaba a este lugar, comencé a oír un coro de voces, el son que oí era como el sonio de multitudes de almas cantando en armonía y la música era algo que nunca había escuchado en mi vida. Yo reconocí el himno que estaban cantando, era el himno que mi abuela cantaba casi siempre cuando era joven. El título de este himno era "la última milla del camino". Entre más me acercaba, aún más hermoso se oía. Llegué a un punto que reconocí la voz de mi abuela y de mi mamá, y supe que estaban ahí presentes entonando ese himno. Fue tan glorioso escuchar y ver esa multitud de personas, era como un mar de personas, sin principio y sin fin. A lo extremo de mi vista podía ver personas. Y mientras me acercaba y miraba a este mar de personas, vi a mi abuela, a mi mamá, y a mi hermano en este grupo de personas. Mire a mi abuela y a mi mamá se veían tan jóvenes y mi hermano como si fuese niño. Vi a mi mamá sosteniéndolo de la mano y su otra mano sobre su cabeza, así como una madre sostiene a su hijo para decirle que todo esta bien. Era tan increíble ver, supe que Jesús estaba conmigo haciéndome saber que ya todo estaba bien. Supe en mi espíritu y entendí todo lo que estaba viendo.

Mientras veía en la multitud, vi a mi abuelo parado firmemente en este grupo. En vida mi abuelo fue un hombre alto, recuerdo que siempre tenia que levantar la vista para verle. El himno que cantaban resonaba en mi espíritu, no pude detenerme de escuchar las palabras que estaban siendo entonadas. Hasta ese entonces, Jesús me tenia de la mano, y dijo, «Todos están bien.»

En realidad, no escuche una voz audible que me hablaba, lo que escuche fue dicho en mi mente, era como si cuando nos mirábamos entendíamos lo que había en nuestras mentes. Entendíamos nuestros pensamientos; fue realmente increíble tener esta experiencia.

JESUS AMA A LOS PEQUEÑOS

Mateo 19.14-15: Pero Jesús dijo: Dejad a los niños venir a mí, y no se lo impidáis; porque de los tales es el reino de los cielos. Y habiendo puesto sobre ellos las manos, se fue de allí.

Después que vi esto comencé a sentir que estaba siendo guiada a continuar este viaje. Me tomo de la mano y dijo, «Quiero enseñarte algo a lo cual le has tenido gran afecto toda tu vida. Has tenido gran amor por esto." Mientras continuaba, comencé a escuchar voces y risas de niños. Sonaba como una risa asombrosa de un gozo que nunca había escuchado en esta vida. En este entonces supe que caminaba por medio de un largo pasillo que tenía puertas abiertas en ambos lados. Mientras me acercaba mas a este pasillo más increíble se hacia el brillo. Y comencé a ver en estas habitaciones y vi que las paredes fueron construidas de piedras preciosas.

Estas paredes tenían tan grande brillo de tal manera que la reflexión de estas piedras preciosas caía sobre los niños. Vi que los niños tenían coronas en sus cabezas y que tenían una luz muy brillante. Este lugar brillaba con piedras preciosas y luz. Estas habitaciones eran alumbradas como nunca lo había visto. El gozo que sentí en esos niños fue asombroso para mí. Había tanta paz. Mientras avanzaba había más y más habitaciones llenas de niños y bebes. Era como si estas habitaciones no tenían fin.

Hubo un momento que levanté la vista y Jesús dijo a mi mente, «Todos están aquí, absolutamente todos,» y entendí en mi mente que eran todos los niños y bebes que habían fallecido en guerra, o de enfermedad, o muertes horribles, y todos los bebes abortados se encontraban ahí. Yo supe que todos los niños y bebes que han padecido y muerto en este mundo estaban ahí. Que gran sentimiento de alegría tuve en mi corazón al saber que todos estaban ahí, entendí que no faltaba ninguno.

Mientras continuaba caminando en este pasillo llegue a una habitación donde niños jugaban y se reían de una manera gloriosa. Mientras miré esa habitación pude reconocer a un niño que estaba en mi clase dominical en 1976. Cuando yo estaba en Montreal, era la maestra de niños de 9 a 10 años. Este niño pequeño, después de el servicio de la iglesia un domingo por la noche, cruzo una calle y falleció por causa de un vehículo. Yo recuerdo que fue una tragedia grande para toda la familia. Recuerdo que escuché en mi mente a Jesús decirme, "Todos están aquí, los que amaste y les enseñaste de mí, todos están aquí.» sentí tanto gozo en mi corazón el cual nunca había sentido.

Entre más habitaciones miraba más resplandor y brillo salía de ellas, de tal manera que el pasillo donde caminábamos era alumbrado por este resplandor. Las diferentes variedades de piedras preciosas y el brillo que salía de ellas eran absolutamente asombroso. Y supe que todo esto se me estaba mostrando por una razón especifica.

Todos mis años de juventud en la iglesia yo tuve un afecto especial por los niños, yo comencé a ser maestra de escuela dominical a la edad de 14 años. Para mi fue un gran gozo ser parte de la vida de estos niños. Algunos tenían mucha necesidad, algunos estaban abiertos a la palabra de Dios y otros eran penosos, ellos necesitaban sentirse aceptados cada vez que entraban a la clase. Si yo veía a un niño sufrir en mi corazón quería hacer todo lo posible para ayudarles.

Mi amor era grande para los niños y aun todavía. A medida que seguía en este pasillo, supe que no había fin a estas habitaciones y escuchaba el son de la risa de estos niños y de su gozo, una alegría que no se puede describir en palabras.

Finalmente, supe que había visto todo lo que se me fue designado de ver y otra vez escuche a Jesús decir a mi mente, «Ve en paz, todos están aquí, todos están a salvo, sigue amando a los niños y abriendo tus brazos de amor para ellos. A todos cuantos lleguen a tu vida ámalos a todos. No hay un poder mas grande que el poder del amor.»

Jesús manifestó el poder del amor entregando su vida y muriendo en la cruz por todos nosotros.

Apocalipsis 21.11: Teniendo la gloria de Dios. Y su fulgor era semejante al de una piedra preciosísima, como piedra de jaspe, diáfana como el cristal.

Mateo 18.10: Mirad que no menospreciéis a uno de estos pequeños; porque os digo que sus ángeles en los cielos ven siempre el rostro de mi Padre que está en los cielos.

Juan 14.1-3: No se turbe vuestro corazón; creéis en Dios, creed también en mí. En la casa de mi Padre muchas moradas hay; si así no fuera, yo os lo hubiera dicho; voy, pues, a preparar lugar para vosotros. Y si me fuere y os preparare lugar, vendré otra vez, y os tomaré a mí mismo, para que donde yo estoy, vosotros también estéis

En conclusión, de este capítulo, nunca deberíamos de menospreciar a los pequeños. El reino de los cielos les pertenece a ellos. Todo lo que necesitamos hacer y ver alrededor lo que están padeciendo los bebes y los niños en el mundo. Millones en este mundo están siendo asesinados, niños viviendo en países devastados por la guerra, niños que están siendo secuestrados de sus familias para ser usados y abusados, y bebes que están siendo abortados diariamente. Deberíamos permanecer fieles a Dios y seguir protegiendo nuestros niños de las manos del mal. Que el Señor nos conceda toda la fuerza para levantarnos y proteger a nuestros hijos y que nos ayude a ser madres y padres a los indefensos, y amar a los niños y bebes como nunca en nuestra vida. Que podamos protegerlos con nuestras oraciones y vidas. Haciendo esto honramos a Dios. Dios protege a nuestros pequeños.

JESUS NOS HACE SABER AQUELLO QUE HACE DOLER SU CORAZON

HIMNO: JESUS AMA A LOS PEQUEÑOS

"Jesús ama a los niños pequeños…todos los niños del mundo. Rojos y amarillos, negros y blancos, todos tienen valor a su vista; Jesús murió por todos los niños del mundo."

Cerrando este capitulo me sentí conmovida de terminarlo con esta alabanza, titulada *Puedo imaginarme.* Esta alabanza habla de la presencia majestuosa de Jesús en el cielo.

Puedo imaginarme
Letra: Bart Millard

Puedo imaginarme Soñar como será al estar junto ti

Puedo imaginarme lo que ahí veré con tu rostro frente a mi

Puedo imaginarme Rodeado de tu gloria que sentirá mi ser

Cantare por ti mi Cristo o en silencio quedaré

Estaré de pie en tu gloria o me tendré que arrodillar

Cantaré, Aleluya o quizás aun ni pueda hablar

Puedo imaginarme, solo imaginarme.

PUEDO IMAGINARME EL DIA Q YO VEA EL REFLEJO DEL HIJO DE DIOS

PUEDO IMAGINARME UNA ETERNIDAD PARA SIEMPRE SOLO ADORAR

PUEDO IMAGINARME SOLO IMAGINARME.

LOS NOMBRES DE JESUS

EL LIRIO DEL VALLE, LA ESTRELLA RESPLANDECIENTE DE LA MAÑANA

NOMBRE QUE ES SOBRE TODO NOMBRE

MAS ALTO QUE TUS SUEÑOS HE IMAGINACION

SU NOMBRE ES PODEROSO, SU NOMBRE ES GLORIOSO, Y ETERNO

CONSEJERO, NUESTRO SANADOR, REDENTOR, LIBERTADOR, EL CAMINO, LA VIDA LA ROCA

EL HIJO DE DIOS, EL PODER DE DIOS, EL CONOSIMIENTO DE DIOS

FIEL, JUSTO, LA VERDAD

EL ES, NUESTRA SALVACION, NUESTRO REFUGIO, NUESTRO AMIGO

EL LEON DE LA TRIBU DE JUDA, EL PRINCIPE DE PAZ

EL ES NUESTRO CREADOR, EL PRIMERO, EL ULTIMO

EL ESTA DISPUESTO A PERDONAR, CAPAZ DE
LEVANTARTE, CAPAZ DE SANARTE

SI CLAMAS A EL, SI LE PRUEBAS A EL, LOS QUE
MIRARON A EL NO FUERON AVERGONZADOS

SU NOMBRE ES JESUS, MI ROSA DE SARÓN.

Querido lector,

Si este libro ha hablado a tu vida y te ha animado en creer en Jesús y también creer en el milagroso poder de Dios porque no haces esta oración y permites a Jesús que sea tu Rosa de Sarón y que sea tu Señor y Salvador hoy.

Querido Jesús,

Confieso hoy que soy un pecador, y que he hecho muchas cosas que no te agradan. He vivido mi vida solamente para mí. Me arrepiento, y te pido que me perdones. Yo creo que tu moriste en la cruz para salvarme. Tu hiciste lo que yo no pude hacer por mi mismo. Vengo a ti hoy pidiéndote que tomes control de mi vida; te doy mi vida a ti hoy. Desde este día en adelante, ayúdame a vivir todos los días para ti en la manera que te agrada, te amo Señor, y te agradezco que pasare una eternidad contigo.

Amen.

ESFUERZATE, LEVANTATE, LLENATE DEL AMOR DE DIOS, SE BENDECIDO

JESUS TE AMA CON AMOR ETERNO

"Porque de tal manera amó Dios al mundo, que ha dado a su Hijo unigénito, para que todo aquel que en él cree, no se pierda, más tenga vida eterna. Porque no envió Dios a su Hijo al mundo para condenar al mundo, sino para que el mundo sea salvo por él." - Jesucristo

Juan 3.16-18

Made in the USA
Middletown, DE
01 October 2023

39725993R00073